Inhalt

Vorwort

Wer ist der schweigsame Mime, hinter dem die Reporter – meist vergeblich – her sind? Ist er nur der Mega-Star, der Millionen scheffelt? Oder ist er auch ein anspruchsvoller Darsteller, auf den die Charakterrollen jetzt erst richtig warten?

Harrison Ford ist beides: einer der beliebtesten und reichsten Stars, die das Kino je besaß – schließlich spielte er in vier der fünf erfolgreichsten Filme aller Zeiten! Aber auch der ernsthaft arbeitende Schauspieler, der auf dem Teppich bleibt. Ruhm bedeutet ihm wenig, Skandale, Allüren kennen wir vom Darsteller des Han Solo in »Krieg der Sterne« und des Indiana Jones nicht. Keine Starlets hängen an seiner Seite, Macho-Allüren oder Bodyguards zur Steigerung des Selbstwertgefühls sind ihm fremd. Harrison Ford gilt in Fachkreisen als »everybody's darling«.

Er lebt zurückgezogen in den Rockys und widmet sich in Drehpausen ganz der Familie – und seinem leidenschaftlichen Hobby Schreinern, wie er es z. B. auch in »Der einzige Zeuge« demonstrierte. Sein Image des zuverlässigen Mannes macht ihn in der Irrenanstalt Hollywood zur idealen Identifikationsfigur für weibliche und männliche, junge und ältere Fans. Und da Ford schauspielerisch immer mehr »drauf hat«, feiern ihn inzwischen auch die Filmkritiker.

Unser Band versucht, dem Phänomen Harrison Ford auf die

Der gelernte Schreiner, zu Hause in den Bergen bei Los Angeles, in seiner Hobby-Werkstatt.

Spur zu kommen, sein Leben und seine Karriere nachzuerzählen. Im zweiten Teil wird Fords Spiel und seine Interpretation der Filmrollen analysiert. Und ein Ausblick darf gewagt werden: Harrison Fords Popularität wird noch steigen. Er wird einer der ganz großen Stars des Kinos der 90er Jahre sein.

I. DIE KARRIERE

Kindheit, Anfänge, Einsamkeit

Man wird nicht als Superstar geboren und jene, die es tatsächlich sind, fühlen sich nicht unbedingt wohl in dieser Rolle. Superstar zu sein – das läßt sich in den meisten Interviews mit dieser Spezies Mensch nachlesen – hat erst einmal eine Menge mit Einsamkeit zu tun. Natürlich, man hat auf einmal eine Menge Freunde, aber was sind das für Freunde? Was wollen sie wirklich? Zumeist eben doch nur im Windschatten des Ruhms kreuzen. Also doch keine Freunde. Und dann immer die Angst, von Fans verfolgt zu werden, die einen mitunter mit ihrer Liebe erdrücken wollen. Das kann dazu führen, daß mancher Superstar sich irgendwo auf der Welt ein stilles Plätzchen sucht, das nur seine wirklichen Freunde kennen, an dem es keine Fans gibt, sondern normale Menschen, die einfach nur da wohnen und an dem es Einsamkeit gibt, die Einsamkeit, die auch schon da war, als der Superstar, der ohnehin keiner sein wollte, noch keiner war.

Zum Beispiel Harrison Ford. Das einzige, was ihn schon früh interessierte, war, ein guter Schauspieler zu sein, alles andere kam sozusagen als Dreingabe mit und ist nach wie vor für ihn kein Grund, darüber Worte zu verlieren, weder in Interviews mit der Presse noch in Autogrammanfragen der Fans, die sich natürlich darüber ärgern, daß es so schwer ist, an ihren Helden heranzukommen. Immer, wenn er Dreharbeiten abgeschlossen hat, zieht er sich zurück auf seine Ranch, irgendwo nahe einer kleinen Stadt in den Rocky Mountains, führt sein Privatleben und freut sich darüber, daß er »in einer Branche arbeitet, die ihm die Möglichkeit gibt, überall hinzugehen«, wo er möchte.

Das war natürlich nicht immer so. Am 13. Juli 1942 wurde Harrison Ford in Chicago geboren. Der Sohn einer irisch-katholischen Mutter und eines russisch-jüdischen Vaters erhielt den Namen von Harrison Needleman, seinem Groß-vater mütterlicherseits, einem Varieté-Künstler, der aber von seinem Beruf nicht leben konnte und dann in Brooklyn Straßenbahnschaffner wurde. Auch der Vater arbeitete schon im Showbusiness, als Radio-Sprecher nämlich, aber er brach diese Karriere bald zugunsten eines guten Jobs in der Werbe-Branche ab. Jedoch tritt er gelegentlich auch heute noch als Synchron-Sprecher für schwächere Kollegen in Erscheinung.

Harrison Ford und sein kleiner Bruder Terence verbrachten ihre Kindheit in den Vororten von Chicago, wo die Welt ihnen nicht eben Sensationelles bot. Das Leben verlief so durch und durch normal, daß Einzelheiten kaum erzählt werden müssen. Probleme gab es in den frühen Jahren nicht, das Kind wuchs unbehelligt von den Wirren auf, die die vom Krieg gebeutelte Welt in dieser Zeit durchzustehen hatte. Im Nachkriegsamerika war fast alles, was die Familie Normalverbraucher zum Leben brauchte, vorhanden, und die Umgebung sah etwa so aus wie die Kleinstadt, in die Michael J. Fox in »Zurück in die Zukunft« kommt, als seine Zeitreise in die 50er Jahre beginnt.

Im Kino liefen Filme mit Humphrey Bogart und James Cagney, aber das war zunächst kein Thema für Klein-Harrison. In Interviews gibt er heute gelegentlich zu, daß es ihn gewurmt hat, über diese Kino-Zeit nicht so gut Bescheid zu wissen wie die Film-Freaks, mit denen er im Laufe seiner Karriere zusammentraf. Wie jedes normale amerikanische Mittelklasse-Kind mochte er Baseball, auch wenn er kein Sport-As war. Wenn die Mannschaften in den Schulklassen zusammengestellt wurden, gehörte er einfach zum Mittelfeld. Er wußte einfach wie die allermeisten Kinder nicht, was er wollte.

In der Grundschule hatte er nicht die geringsten Probleme, doch als das Bewußtsein des Jungen zu reifen begann und er immer stärker über seine Zukunft nachdachte, ließen die Leistungen in der Schule nach. Er war ein stilles, schüchternes Kind, das nicht viele Freunde hatte, gerne Comics las und sich in der Natur herumtrieb. Allen Gegebenheiten zum Trotz wagte er schließlich den Sprung ins kalte Wasser und meldete sich am Ripon College in Wisconsin an, wo er Englisch, Philosophie und Kunst studierte und schließlich als Wahlfach Schauspiel, »weil man damit seinen Notendurchschnitt leicht verbessern konnte und natürlich nette Mädchen treffen konnte«, wie er heute freimütig zugibt.

Ein Wissenschaftler sollte aus ihm nur im Film werden – manche der Uni-Szenen aus »Indiana Jones« erinnerten ihn später wieder an diese Zeit. Den Schauspielkurs nahm er also zunächst kein bißchen ernst, bis er zu merken begann, daß das, was er da als nette Gelegenheit wahrnahm, sich ein kleines Privatleben aufzubauen, auch dazu dienen konnte, seine Schüchternheit abzubauen.

Erstmals flackerte das Gefühl in ihm auf, etwas zu tun, wozu er womöglich richtig Lust bekommen würde, was einen gewissen Ehrgeiz lohnen würde. Vielleicht erinnerte er sich dabei auch an seinen Großvater und seinen Vater, die das Showgeschäft gewissermaßen an ihn vererbt hatten? Der Spaß, etwas zu tun, das man vielleicht gut kann und das sich weiterentwickeln läßt, beflügelte ihn bei seiner Arbeit in dieser ersten Schauspielklasse, und bis heute ist die »Arbeit«, die hinter jeder guten Darstellung steckt, wichtiger für ihn als jeder andere Nebenaspekt der Schauspielerei.

»Ich hatte überhaupt nicht daran gedacht, wirklich Schauspieler zu werden. Klar, akademischen Ehrgeiz hatte ich auch nicht, und das einzige, das ich wirklich wußte, war, über längere Zeit keinen normalen ›neun bis fünf‹-Job machen zu wollen, doch darüber hinaus war ich mir unklar. Ich versuchte es eben mit dem Spielen, und es schien so, als könnte das etwas werden.«

Über seinem neuerwachten Interesse aber vernachlässigte er sein weiteres Studium total, die Gratwanderung zwischen »Leistungsminimum und kosmischer Unaufmerksamkeit«, wie er es einmal ausdrückte, konnte nicht gutgehen. Da nützte ihm auch das gute Verhältnis zu seinem Schauspiellehrer, dem er »viel verdankt«, nichts – die Ripon High School versagte ihm nur drei Tage vor der Graduierung den Abschluß, für den jungen Mann besonders peinlich, weil seine Eltern sich für die Feier bereits in einem nahegelegenen Motel eingemietet hatten.

»Es mußte so kommen«, erinnert er sich in Interviews an dieses »akademische Mißverständnis«, wie er es gerne ausdrückt, »es war natürlich bedrückend, aber allein mein eigener Fehler. Ich habe soviel Zeit verschlafen dort. Nur ab und zu bin ich aufgestanden, hab' mir eine Pizza geholt und dann weitergepennt. Ich war, ehrlich gesagt, nicht überrascht über diesen Hinauswurf.«

Die positiven Aspekte dieser Schulzeit, insbesondere natürlich der erste Schauspielunterricht, sollten sich nur langfristig auswirken, denn zunächst einmal tat sich im Leben des Harrison Ford ein großes Loch auf, die Unentschlossenheit seiner frühen Schuljahre war mit einem Mal zurückgekehrt.

Die Eltern waren sauer und fuhren heim nach Chicago, während der Sohn all seine Habseligkeiten in einen alten Volkswagen stopfte und eine Münze warf, in welche Richtung er ziehen sollte. Doch halt – eins noch muß erwähnt werden: Seine Neugier in Sachen Mädchen hatte ihm die Freundschaft mit Mary Louise Marquardt beschert, einer Studentin, die ein paar Semester weiter war als er und die im Gegensatz zu ihm das Studium abgeschlossen hatte. Kurz: In den Semesterferien im Frühjahr 1963 heirateten Mary und Harrison Ford.

Die Münze, die er warf, sollte entscheiden, ob es nach New York oder Los Angeles gehen sollte. Die Wahl fiel auf New York. »Wenn ich schon verhungere«, sagte er sich, »dann lieber in warmem Klima«, und warf die Münze noch einmal. Die Fahrt endete in Laguna Beach, damals ein kleines Fischernest, das den Status einer Künstlerkolonie genoß. Fast 100 Kilometer von Hollywood entfernt war dies selbstverständlich nicht gerade der Ort für einen Mann mit Darsteller-Ambitionen – noch immer war er schließlich »nicht Fisch, nicht Fleisch«.

Dennoch, Laguna Beach ließ sich unproblematischer an, als das junge Paar zunächst befürchtet hatte. Wenn Harrison vielleicht auch sonst nichts gelernt hatte, wie man sich durchschlagen konnte, das wußte er. Jobs fand er immer, wenn er welche brauchte – übrigens auch ein Relikt aus der College-Zeit, in der er sich seinen bescheidenen Studentenluxus durch Gelegenheitsarbeiten erarbeitet hatte.

Einmal hatte er sich so überzeugend einem Kneipenwirt angedient, daß dieser ihn als Küchenchef einstellte – ohne daß Ford jemals auch nur eine warme Mahlzeit zustande gebracht hätte. »Ich bin ein freundlicher Mensch«, sagte er einmal ganz bescheiden, »ich weiß, wie man mit Leuten redet und den Kopf oben behält. Die Leute, die ich nach einem Job fragte, waren immer überzeugt, daß ich ihnen keine silbernen Löffel klauen würde. Genaugenommen ist es Schauspielerei, wenn man nach einem neuen Job fragt.«

In Laguna Beach funktionierte dieses bewährte Rezept auch, und der clevere Redner Ford wurde Yacht-Vermieter am Hafen und Assistent der Geschäftsleitung eines großen Warenhauses in der Stadt. »Ich muß denen irgendetwas gesagt haben, daß die geglaubt haben, der Einzelhandel sei meine Lebensaufgabe«, erzählte er dem Interviewer der Zeitschrift »Premiere« Jahre später. Später in Hollywood arbeitete er übrigens noch als Pizza-Bäcker . . .

Seine Abende verbrachte der inzwischen 22jährige im Theater. Das Laguna Beach Playhouse wurde seine Spielwiese. Dort sprach er gleich nach seiner Ankunft im Ort vor – der einzigen Gelegenheit, wo er seine Fähigkeit zu spielen weiter trainieren konnte. Das Stück »John Brown's Body« war das erste Theaterstück, in dem Harrison Ford gegen Entgelt auftrat (am College hatte er sich in Thornton Wilder- und Tennessee Williams-Stücken versucht). Er spielte den Südstaaten-Soldaten Clay Wingate, der mit einem Kameraden aus dem Norden in Konflikt gerät. Das Stück erwies sich als großer Erfolg und war drei Wochen lang ausverkauft. Die Freunde von damals, darunter Toni Tenille und Mike Farell, die selbst später bekannt wurden, erinnern sich in Interviews an die enorme darstellerische Präsenz, die Ford schon damals hatte.

Erinnern Sie sich übrigens an Melanie Griffiths Frage an Harrison Ford in »Die Waffen der Frauen«, woher er die Narbe an seinem Kinn habe? In der Realität stammt die Narbe aus Laguna Beach-Zeiten, als er nämlich bei einer Fahrt durch den Laguna-Canyon einen Telefon-Kasten rammte, während er sich den Sicherheitsgurt anlegte . . .

Wie auch immer – die Zeit in Laguna Beach war der Start in

Ford Mitte der 60er Jahre, schon mit seiner charakteristischen Narbe, die
er sich bei einem Autounfall im Laguna-Canyon zuzog, als er einen
Telefonkasten rammte, während er sich den Sicherheitsgurt anlegte.

die Karriere des Darstellers, denn dort sollte er schließlich dem Vertreter einer Filmgesellschaft auffallen, der in dem jungen Darsteller des Clay Wingate einen möglichen Star von morgen sah.

Der Mann gab einem gewissen Billy Gordon einen Wink, zu jener Zeit der Chef der Casting-Abteilung im ehrwürdigen Columbia-Studio, und die erste Hürde für eine Filmkarriere war genommen. Gordon bestellte ihn nach Hollywood, und was sich dann abspielte, schilderte Ford der US-Journalistin Alice Mercer in einem Interview so: »Ich bin eigentlich nur berühmt geworden, weil ich eine schwache Blase habe. Die schickten mich zu diesem Casting-Boss, und dort wartete ich erstmal stundenlang, bis der Typ mit dem Telefonieren fertig war. Dann hat er mich gefragt, wie ich heiße und wer mich geschickt hätte. Ich erhielt die übliche Antwort: ›Rufen Sie uns nicht an, wir werden uns schon melden‹, und dann zeigte man mir die Tür. Wie auch immer, ich mußte inzwischen richtig dringend zur Toilette und statt das Gebäude sofort zu verlassen, lief ich auf den Gängen hin und her, um ein Klo zu finden, bis plötzlich ein Assistent aus einer dieser Türen herauskam und brüllte: ›Kommen Sie zurück!‹, und ich hatte meinen ersten Job beim Film. Ein Notfall war eingetreten, und ich war der richtige Mann zur richtigen Zeit am richtigen Ort gewesen.«

Natürlich – den Anstoß hatte trotzdem jener erste Harrison Ford-Fan im Laguna-Theater gegeben; aber was Ford mit dieser Geschichte tatsächlich bezweckt, ist weniger, zur Bildung einer Legende beizutragen, als vielmehr Nachahmern mitzuteilen, daß neben dem notwendigen Talent auch eine gehörige Portion Zufall mitspielt, wenn man zum Star wird. »Wissen Sie«, soll Gordon ihm gesagt haben, »Sie sind nicht der Typ, den wir eigentlich suchen, aber was halten Sie von einem Vertrag?«

Harrison Ford am Beginn seiner Karriere. Mit einem Vertrag der Columbia in der Tasche, der ihm 150 $ die Woche garantierte. Das Foto entstand 1966.

Man gab ihm einen Vertrag über sieben Jahre, für die Columbia-Studios ein Kurzzeit-Vertrag, zumindest was die Arbeit mit unteren Chargen anbetraf. In Wahrheit ähnelten die ersten Monate bei Columbia eher einem Trainee-Programm für einen Großkonzern; der junge hoffnungsfrohe Mime besuchte Kurse, sah Filme und mußte vor allem das tun, was er sich nun gar nicht von diesem angeblichen Traumberuf erhofft hatte: Morgen für Morgen trat er, proper in Jackett und Schlips mit seinen elf Mit-Anfängern an, um in die Mysterien der Großstudioarbeit eingeführt zu werden. Dazwischen wurden von ihm Fotoserien aufgenommen, die an die Regisseure bzw. Casting-Chefs weitergegeben werden sollten: »Es war ein Rummel um nichts«, erinnert er sich, »ich hatte schließlich noch keine Minute Film gedreht«. Immerhin aber konnte er seine darstellerischen Fähigkeiten in den Kursen weiter entwickeln, zumindest keine allzu schlechte Voraussetzung für eine beginnende Karriere.

Das Studio-Spielchen währte ein ganzes Jahr und wurde dann, zu Fords Enttäuschung, mit einem geradezu lächerlich anmutenden Filmpart belohnt. Der Fernsehregisseur Bernard Girard, der zumindest einige Filme auch ins Kino bringen konnte, drehte den Streifen »Dead Heat On a Merry-Go-Round«, der in Deutschland unter dem Titel »Immer wenn er Dollars roch« veröffentlicht wurde und als der einzige Film dieses Regisseurs gilt, der eine gewisse filmhistorische Bedeutung erlangt hat. »Solider Thriller« schrieben die Kritiker und lobten dabei die Leistung von Hauptdarsteller James Coburn und weniger die von Harrison Ford, die darin bestand, daß er als Hotelpage sagen mußte: »Ein Telegramm für Mr. Jones, ein Telegramm für Mr. Jones«, um dann von Mr. Jones alias Coburn das Telegramm aus der Hand gerissen zu bekommen.

Ford in seiner ersten Filmrolle als Hotelboy in »Dead Heat On a Merry-Go-Round«.

Von einem Studioboß mußte er sich während dieser Zeit sagen lassen, daß er nicht, wie zum Beispiel Tony Curtis, zum Star geboren sei, er müsse vielmehr ackern und ackern, und dann würde es wohl doch nichts werden. Nennenswerte Erwähnung für diese seine erste Filmrolle fand er jedenfalls nirgendwo.

Auch seine zweite Filmrolle brachte ihn keinen Schritt nach vorn: »Luv« (in Deutschland »Versuch's doch mal mit meiner Frau«) von dem britischen Regisseur Clive Donner bedeutete im Grunde auch nichts weiter als ein paar Tage Abwechslung in einem Filmstudio. In diesen ersten beiden Filmen übrigens taucht er in der Credits-Liste – weit hinten – unter dem Namen Harrison J. Ford auf, weil die Schauspieler-Gewerkschaft bereits einen anderen Darsteller dieses Namens in ihren Akten hatte, den Stummfilmstar Harrison Ford nämlich, der es sogar zu einem Stern auf dem Hollywood Boulevard brachte. Das »J.« in der Mitte des Namens konnte erst eliminiert werden, als feststand, daß sein Namensvetter bereits in den 50er Jahren verstorben war.

Fords dritte Filmrolle, in Phil Karlsons »Der gnadenlose Ritt«, im Original »A Time For Killing« oder auch »Long Ride Home«, war immerhin ein Auftritt in einem der besseren Filme des Action-Profis Karlson, doch auch die Mini-Rolle – er spielte in diesem Bürgerkriegsdrama einen Leutnant neben George Hamilton und Glenn Ford – brachte nicht den Durchbruch.

Wenn er zu dieser Zeit nicht seine Frau gehabt hätte, sagte er später in Gesprächen, hätte er wohl verzweifelt. Denn schüchtern war er noch immer, obwohl er gut reden konnte – mitunter warf ihm sein Studioboß auch einfach mangelnde Kooperationsbereitschaft vor, als er für ihn völlig entwürdigende Rollen einfach nicht annehmen wollte.

Im Leben des jungen Darstellers nahm plötzlich etwas anderes Gestalt an – die Gewißheit, daß es neben der Arbeit noch etwas Wichtigeres gab: die Familie. Mary war zum erstenmal schwanger. Obwohl es nicht leicht war, mit 150 Dollar in der Woche eine ganze Familie durchzubringen, nahm Harrison Ford das Wagnis auf sich.

Fluchtgedanken, Fernsehen und Coppola

Der Weg an die Spitze des Showgeschäfts ist steinig, und nicht einmal ein Vertrag mit einem Großstudio garantiert jungen Darstellern den Erfolg – Schauspieler ist insofern ein ganz normaler Beruf, wie Lebensmittelverkäufer oder Sachbearbeiter in einem Rechtsanwaltsbüro auch. Und, was noch schlimmer ist: Man kann gefeuert werden. Fristlos.

So etwas passiert Stars allerdings nur sehr selten und wenn es geschieht, dann haben sie genügend Geld im Rücken. Die Einsamkeit des Harrison Ford war auch in dieser Phase seiner Karriere selbstgewählt – er mochte eben nicht um jeden Preis, den die hohen Herren von Columbia-Pictures von ihm forderten, Schauspieler sein und zum Star werden. Die drei Mini-Rollen, der Nebenjob als Pizza-Bäcker und seine schwangere Frau waren also alles, was ihm blieb, als sein Boss bei Columbia ihm eröffnete, daß er gefeuert sei.

Ein Angebot, für die nächsten Wochen noch ein paar Dollar mehr zu verdienen, lehnte Ford ab, dazu war er zu stolz und dazu hatte er sich zu viele Jobs ohne die Hilfe anderer Leute geangelt. Ohne Umschweife marschierte er ins Casting-Büro der Universal-Studios, erzählte eine wunderbare Geschichte und hatte einen neuen Job. Er erhielt zwar keinen Siebenjahres-Vertrag, aber immerhin die Möglichkeit, mehr zu arbeiten, und wenn schon nicht in Kinoproduktionen, so doch immerhin in Fernsehfilmen und -serien, auch wenn er bis dahin das Fernsehen nie sehr gemocht hatte. »Ich fühlte mich eigentlich als Bühnen-, mindestens aber als Leinwandschauspieler, und gar nicht als Fernsehmann. Andererseits aber benötigte ich einfach diese Erfahrung. Man rostet ja sonst ein. Ich wußte, ich mußte das tun, denn die besseren Rollen würden nicht von allein auf mich zukommen«, erinnert er sich an diese Zeit. Universal war damals wie heute das Studio, das Unmengen von jungen Stars die ersten Chancen gegeben hatte; Ford mag an Donald O'Connor, Jeff Chandler und natürlich an Tony Curtis gedacht haben, als er seinen Dienst in Hollywoods größter TV-Serienfabrik, die kurz zuvor ein Subunternehmen der Talent-Agentur MCA geworden war, antrat.

Auftritte in den Serien »FBI«, »Dan August«, »Rauchende Colts« und »Ironside« eröffneten den Reigen von Mini-Rollen, die er 1968 spielte – immerhin: er war die ganze Zeit als Schauspieler beschäftigt und konnte seinen Nebenjob sausen lassen. Mehr schlecht als recht ernährte er sich, seine Frau und den inzwischen geborenen Sohn Willard.

Zwei erste größere Rollen in Pilotfilmen für Fernsehserien folgten, der Kinofilm »Journey to Shiloh«, und dann eine kleine Überraschung: Die Firma Columbia-Film sah ihn wieder, als kleine Leihgabe von Universal nämlich, die ihn neben Elliott Gould in Richard Rushs Film »Getting Straight« den Part des Jake spielen ließ.

Das war sein erster Ausflug ins neue amerikanische Kino mit einem guten Regisseur, der, obgleich mit offenkundigen Fähigkeiten gesegnet, den Weg zu den Zuschauern nie recht hat finden können.

Harrison Ford indes begann, während seine Frau gerade ein zweites Kind erwartete, wieder mit sich selbst zu hadern, am Studiosystem als Weg in die Karriere zu zweifeln und sich Gedanken zu machen, wie sonst außer durch Filmerei er sich und seine Familie durchbringen könnte. Ein Angebot gab es noch, das er annehmen wollte; danach sollte die Entscheidung, wie es weitergehen würde, endgültig fallen. Der italienische Meisterregisseur Michelangelo Antonioni war nach einem Dutzend italienischer Filme und seinem in England gedrehten, später zum Kultfilm avancierten Werk »Blow Up« in die USA gekommen, um seinen Teil zum New Hollywood beizutragen . . .

»Zabriskie Point« hieß seine amerikanische Abrechnung mit den 60er Jahren, in der ein junges Paar mit einem wahnwitzigen Wüstentrip die satte Wohlstandsgesellschaft unterläuft. Es war die Zeit, in der die Jugendlichen gegen die Altvorderen zu Felde zogen, es war die Zeit des Eskapismus, der Flucht, egal mit welchen Mitteln: Drogen, Motorräder, Spirituelles, Sex und die dazu passende Musik von Pink Floyd und den Stones. Doch »Zabriskie Point« war nicht Easy Rider, und Antonioni war nicht Dennis Hopper. Der Film des Perfektionisten Antonioni erweist sich in der historischen Distanz als wichtiges Werk eines Kino-Visionärs; die Kritiker damals warfen ihm jedoch seine Exzentrik und die für US-Verhältnisse schockierenden Nackt-Szenen vor. Kaum jemand in den USA bekam jemals den Streifen zu sehen, und bis heute weiß fast niemand, daß einer der Darsteller Harrison Ford war – die kleine Nebengeschichte, in der er mitwirkte, fiel am Schneidetisch der Schere des Regisseurs zum Opfer.

Den Fluchtgedanken in Antonionis Film machte sich Harrison Ford bald zu eigen; er beschloß, nach diesen ernüchternden Erfahrungen seinen gelernten – und geliebten – Beruf an den Nagel zu hängen. Er war inzwischen fast dreißig, hatte einen zweiten Sohn, Benjamin, und vom Showgeschäft die Nase so voll, daß er sich entschloß, etwas

»Vernünftigeres« mit seinem Leben anzufangen. Was lag näher, als etwas zu tun, womit man zunächst im eigenen Haus anfangen konnte und was eigentlich nicht allzu schwer zu lernen war? Der Schauspieler wurde Schreiner.

Das nötige Fachwissen holte er sich ganz einfach aus jedem Buch zu diesem Thema, dessen er habhaft werden konnte; zunächst bastelte er für seine Kinder Schaukelpferde, dann reparierte er das kleine Holzhaus, das die Fords zu jener Zeit in den Hügeln von Hollywood bewohnten. So viel Spaß machte ihm das Handwerk, und so hervorragend beherrschte er es bald, daß er beschloß, aus diesem Hobby Geld zu machen. Und hier hatte er endlich einmal mehr Glück als in seinen inzwischen sechs Schauspielerjahren zusammen – er erhielt einen Auftrag: Die Firma A & M Records, eine der größten Plattenfirmen im Lande, gab ihm rund 300.000 Mark, um für den Künstler Sergio Mendes ein privates Ton-Studio zu bauen.

So zimmerte er einen gewaltigen Anbau an das Haus von Mendes, wobei er natürlich noch nicht ahnen konnte, daß man ihn nur wenige Jahre später für eine Filmrolle, in der er auch ein Haus zimmern würde, mit Lob und Beifall überhäufen würde. Ironie des Schicksals – ausgerechnet der Schreiner-Beruf brachte dem bis dahin verhinderten Star das Selbstvertrauen zurück und eröffnete ihm die Chance, wieder in seinem ersten Beruf, den er liebte, arbeiten zu können. Sein Geschick, sich Jobs zu angeln, die nichts mit dem Film zu tun hatten, hatte ihn auch diesmal wieder vor einer persönlichen Katastrophe bewahrt.

Wie Sergio Mendes der amerikanischen Journalistin Ethlie Ann Ware sagte, wird das von Ford gebaute Studio heute noch von vielen bewundert und natürlich auch benutzt. Von nun an hatte Harrison Ford sein Leben endlich selbst in die Hand genommen – im Wortsinn – und ließ sich nicht mehr als Spielball des Schicksals umherwerfen. Er wußte, worauf er hinaus wollte und lehnte, ohne mit der Wimper zu zucken, die meisten Angebote an Mini-Rollen, die er erhielt, ab, auch wenn er nicht müde wurde, Drehbücher zu lesen, und sich dazu ein universelles Filmwissen anlas.

»Schauspielerei und Zimmern liegen nahe beieinander«, sagte er einmal in einem Interview mit dem Korrespondenten der Zeitschrift »cinema«, dem er bei dieser Gelegenheit auch sein Haus und seine Werkstatt zeigte, »nur wenn man sich mit den Details auskennt und diese beherrscht, kommt ein optimales Ganzes heraus. Ebenso wichtig ist die Planung – legt man eine Rolle falsch an, ist es egal, wie man sie spielt, man wird schlecht. Hat man den richtigen Plan für ein Haus oder einen gezimmerten Gegenstand, ist das das halbe Ergebnis.«

Bis heute übrigens bezieht Harrison Ford einen Großteil seiner inneren Kraft aus diesem Handwerk, die Möbel auch seines neuen Hauses in den Rocky Mountains hat er überwiegend selbst gebaut, wie er übrigens auch für viele Freunde gearbeitet hat – eine ganze Reihe von Stars haben »Möbel von Ford« zu Hause.

Zu dieser Zeit bereitete George Lucas gerade seinen Film »American Graffiti« vor, jenen Streifen, der auf die Zukunft Harrison Fords noch viel Einfluß nehmen sollte. Lucas zerschlug, unterstützt von seinen Freunden von der Filmschule und auch Frau Marcia, alle Bedenken des Studios, daß man Anfang der 70er Jahre noch keinen erfolgreichen Film über die 50er Jahre drehen könne, und erhielt tatsächlich die zur Herstellung dieses Films nötigen 750.000 Dollar – für einen Anfänger, sei es auch einen talentierten, eine ganze Menge Geld. Es gelang den Freunden, darunter Francis Coppola jedoch nicht, auch Stars für die Hauptrollen zu verpflichten, das hätte jede Budget-Vorstellung des Studios Universal über den Haufen geworfen. Fred Roos, ein enger Vertrauter von Coppola und ein Bekannter von Ford aus der ersten Zeit bei Columbia, erzählte Ford von dem Projekt und fragte ihn, ob er nicht die Rolle eines Dragster-Fahrers in diesem Film spielen wolle. »Harrison war nicht der typische gutaussehende kalifornische Bursche wie die anderen«, sagt Talentförderer Roos, »er hatte schmale Lippen, war störrisch, und die meisten Leute hielten ihn für eingebildet. Er war ein ziemlich verschrobener Kerl. Aber ich dachte, der könnte ein Star sein. Und das hat ja dann auch geklappt.«

Ford hatte zunächst nicht die geringste Lust, schon wieder einen Mini-Part zu spielen, fühlte sich aber von Roos, der ihn ja schließlich nicht in einen Columbia-, sondern in einen Universal-Film bringen wollte, geschmeichelt und beschloß,

Ford als Dragsterfahrer Bob Falfa in »American Graffiti«, seinem eigentlichen Karrierestart.

wegen der guten Musik, die da zum Zuge kommen sollte, doch mitzuspielen. George Lucas hatte, um seinen Film angemessen promoten zu können, die Rechte zu vier Dutzend Songs der 50er Jahre aufgekauft, mit denen er den Soundtrack bestücken wollte – übrigens zu einem für heutige Verhältnisse ausgesprochenen Dumping-Preis.

Harrison Ford also erhielt die Rolle des Dragster-Fahrers Bob Falfa, der zu einem heißen Auto-Duell zur Verfügung steht. Der Streifen wurde für George Lucas zum großen Durchbruch – die 50er Jahre-Songs kamen bei den Jugendlichen hervorragend an, und der Erfolg des vergleichsweise billigen Films ermöglichte dem jungen Regisseur später den Film »Krieg der Sterne«; mit einem Multi-Millionen-Polster im Rücken war für George Lucas alles möglich. Francis Coppola übrigens verhinderte auch, daß das übermächtige Studio allzu viel Hand an den Film anlegte, und Lucas am Schneidetisch ins Handwerk pfuschte.

Deshalb fielen nur drei Szenen der Schere zum Opfer, darunter eine mit Harrison Ford: Wie Dale Pollock in seinem Buch »Skywalking« schreibt, improvisierte Harrison Ford den Song »Some Enchanted Evening« von Richard Rodgers und Oscar Hammerstein. Obwohl Lucas diese tolle Szene gern gesehen hätte, mußte sie entfernt werden, die Komponisten bzw. deren Nachlaßverwalter hatten die Rechte nach einem kurzen Blick auf einige Meter Film indigniert verweigert.

Hätten Sie gewußt, daß so viele Mitarbeiter aus diesem Film Weltstars werden würden? Bestenfalls de Palmas »Carrie« (1976) oder Coppolas »Outsiders« zehn Jahre später leisteten Starthilfe für noch mehr Talente. Richard Dreyfuss und Charles Martin Smith wurden anerkannte Schauspieler, Ron Howard gar ein genialer Regisseur. Harrison Ford selbst mochte den Film weniger als die meisten Kritiker, auch wenn überliefert ist, daß er bei einer der ersten Vorführungen in Freudenrufe ausgebrochen sein soll; die Premiere soll er hingegen vorzeitig verlassen haben.

Bei den Dreharbeiten, schreibt Pollock in »Skywalking«, habe Ford als Ältester der jungen Schauspieler ein wenig die Rolle des Rudelführers übernommen, auch wenn er in dieser Position manchmal mehr Ärger verursacht als verhütet habe. Lucas bestätigte das später und meinte, Ford sei ein sehr guter Schauspieler, aber zuweilen etwas kompliziert – was immer damit gemeint war.

Seine prinzipielle Ansicht über kleine Rollen mochte er aber auch jetzt noch nicht aufgeben, er betrachtete den Film für

In »Der Dialog« spielt Ford einen kühlen Killer. Auf dem Foto mit Gene Hackman, dem Hauptdarsteller. Einmal von hinten . . .

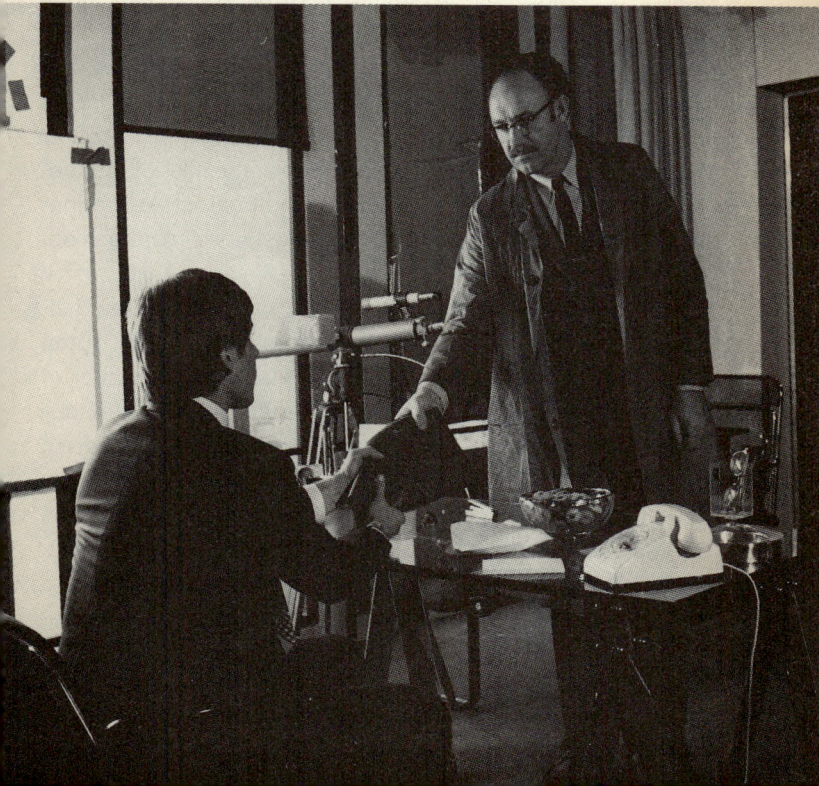

sich selbst immer noch mehr oder weniger als Ausrutscher. Seine Tagesordnung sah Heimwerken in Hollywood vor, und das befriedigte ihn trotz des immensen Erfolges von »American Graffiti« mehr als das Filmen. Sein erstes Comeback war also nur unfreiwillig geglückt, das nächste war aus der Sicht des Darstellers mehr wert, wurde aber von Kritik und Publikum sträflicherweise übersehen: Nachdem er wieder fast ein Jahr ausschließlich gezimmert hatte, meldete sich erneut Fred Roos, sein »Engel« aus der Columbia-Zeit, der ihm bereits die Rolle zu »American Graffiti« verschafft hatte, und bot ihm einen neuen Job an in einem Film, den er koproduzierte: »Der Dialog« war ein Film von »American Graffiti«-Produzent Francis Coppola.

Coppola, der nach seinen gigantischen Erfolgen mit »Der Pate« und der Produktion des Lucas-Streifens beinahe jedes Budget für einen neuen Film erhalten hätte, das er sich wünschte, gründete statt dessen mit William Friedkin und Peter Bogdanovich die Directors Company und entschied sich für sein altes Drehbuch um die Geschichte des Abhörspezialisten Harry Caul, der als professionelle Spionagemaschine alle Aufträge zur Zufriedenheit seiner Auftraggeber löst und dabei sein Verantwortungsbewußtsein auf der Strecke läßt.

Der Film gehört zu den ganz großen darstellerischen Leistungen von Gene Hackman und zeigt auch einen guten Harrison Ford, der die kleine Rolle als eiskalter Killer mit der ihm möglichen Kühle brillant spielte. Immerhin war die Rolle in Coppolas mehrfach preisgekröntem Film (unter anderem die Goldene Palme von Cannes 1975) wichtig für Fords Entscheidung, zumindest gelegentlich vor die Kameras zu treten. Kurze Zeit später nämlich, im Herbst 1974, spielte er einen Zeugen in der TV-Verfilmung des Prozesses um das Massaker von My Lai, das US-Soldaten in Vietnam anrichte-

... und noch einmal, in der gleichen Szene, von vorn.

ten. »The Court Martial of Lt. Calley« hieß dieser Film des Regisseurs Stanley Kramer.

Danach war wieder für geraume Zeit Sendepause für den Schauspieler, der aber nach wie vor klare Ziele vor Augen hatte und sich keinesfalls wieder mit Flickwerk abspeisen lassen wollte. Und doch konnte er nicht die Finger davon lassen und spielte eine kleine Rolle in James A. Michener's »Dynasty«, einem Film über Pioniere in den USA.

In den Jahren von 1974–1977 war diese zuletzt erwähnte Rolle das Einzige, das Harrison Ford spielte – noch immer nicht viel für einen Schauspieler, der seit über einer Dekade in dem Job arbeitete und selbst schon 34 Jahre alt war. Doch wie sagte sein Freund und Förderer Fred Roos in einem Interview: »Er ist ein Star wie Humphrey Bogart, hart, zynisch, und absolut in der Lage, auf sich selbst aufzupassen. Und auch ein bißchen von Clark Gable ist in ihm, der nun überhaupt nichts Sentimentales mehr an sich hatte.«

Und auf diesen Typ versuchte Fred Roos nun schon wieder George Lucas aufmerksam zu machen, der sich nach »American Graffiti« kaum noch an Ford erinnern konnte. »Ich habe George ganz schön angebaggert, damit er sich Harrison überhaupt für das Casting zum ›Krieg der Sterne‹ bestellt hat. Der stand nicht sehr weit oben auf Georges Liste. Aber er kannte ihn ja auch nicht so gut wie ich«.

Durchbruch mit Lucas

»I have a bad feeling about this« (»Ich habe da kein gutes Gefühl«), sagen Han Solo, Luke Skywalker und der kleine Roboter C-3PO in »Krieg der Sterne« immer wieder, als ›Running Gag‹ für die Zuschauer.

Niemand außer George Lucas hatte ein richtig gutes Gefühl, als dieses Sternenmärchen in die Startlöcher ging. 1973 schon hatte Lucas die Idee zu einem solchen Film entwikkelt, damals aber trug er sich noch mit der Absicht, für seinen Freund Francis Coppola den Film »Apocalypse Now« zu drehen, ehe der das Projekt selbst realisierte. (Es gibt eine Verbindung zwischen Lucas und »Apocalypse Now« und Harrison Ford – doch davon später). So wurde das Drehbuch schließlich den Universal-Studios angeboten, die auch »American Graffiti« gemacht hatten. Die Bosse dort glaubten aber nicht an das Projekt und winkten ab, eine Entscheidung, die sie übrigens bis heute rund eine Milliarde Dollar gekostet hat (ohne Lizenzgeschäft).

Ein Freund von Lucas arrangierte, daß Alan Ladd jr. »American Graffiti« sehen konnte (bevor der Film herauskam), und der Sohn des legendären Hollywood-Stars wußte sofort, daß Lucas seinen nächsten Film bei Twentieth Century Fox drehen würde. Ein Memo wurde aufgesetzt, ein erster Finanzierungsplan erstellt, der ein Budget von 3,5 Millionen Dollar vorsah. Inzwischen wurde »American Graffiti« zu dem erwähnten Erfolg, damit stiegen Lucas' Chancen, und das Budget für »Krieg der Sterne« kletterte in die Höhe.

Lucas hatte Ladd seine Filmidee als Mischung von »Buck Rogers« und »Captain Blood« erklärt, einem alten Errol Flynn-Film, wobei der kaltblütige Käpt'n und Freibeuter niemand anderes sein sollte als Han Solo, der Weltraum-Abenteurer, der diesen Namen von Anfang an in Lucas' Kopf trug. Lucas wurde als Regisseur von den Fox-Leuten ernstgenommen, doch daß er auch sämtliche Merchandising-Rechte sowie die Rechte an möglichen Fortsetzungen beanspruchte, verblüffte die Bosse dort. Dafür wollte er auf einen Großteil seines Lohnes und auch auf einen Teil des Brutto-Profits von »Krieg der Sterne« verzichten.

Die Verantwortlichen freuten sich, einen hübschen Batzen Geld dadurch gespart zu haben, daß sie diesem Jungen, der noch nicht ganz grün hinter den Ohren schien, die »schlechten« Vertragsklauseln überließen – zu früh, wie die Filmgeschichte erwiesen hat.

Die Figuren in »Krieg der Sterne« sind Prototypen von Märchenfiguren, die in Lucas' erstem tatsächlichen Drehbuchentwurf anders aussahen als später im fertigen Film: Luke Skywalker ist dort ein etwa 60 Jahre alter Jedi-General, der mit seinen Söhnen Anakin und Biggs gegen den bösen Prinzen Valarium kämpft; Leia, die Tochter seines Freundes Kane Starkiller, ist von dem Bösen entführt worden. Han Solo ist im Entwurf ein großer, grünhäutiger Kerl mit Kiemen, aber ohne Nase – es ist zweifelhaft, ob Harrison Ford diesen Part übernommen hätte ...

Lucas wußte, daß dieser Entwurf nicht gut war, und machte rasch aus den beiden Brüdern Anakin und Biggs Luke und Han Solo, Kane Starkiller wurde zu Ben Kenobi und Vader war die alleinige Inkarnation des Bösen. Im Januar war dieses (zweite) Drehbuch fertig, in dem sich sogar eine

Lebensgeschichte von Han Solo findet: Er ist dort ein junger Pirat vom Planeten Corellia, der früher ein Kabinenjunge auf Raumschiffen war. Er ist nicht groß, aber stämmig, bärtig und extravagant gekleidet – das Abziehbild von Lucas' Freund Francis Coppola. Seine »Freundin« ist eine riesige Kreuzung aus Braunbär und Meerschweinchen – der Wookie Chewbacca. Erst in der dritten Drehbuchversion wird aus Han Solo der »rauhe, James Dean ähnliche Sternenpilot, ein Cowboy in einem Raumschiff: sentimental und trotzdem knallhart«, wie Lucas ihn damals beschrieb. Zum erstenmal tritt Han Solo dort auch als Schmuggler auf, der sein Raumschiff, den »Millenium Falken«, für dieses Abenteuer zur Verfügung stellt.

Han Solo ist ein Abenteurer mit Gefühl, ein Freibeuter, wie wir ihn seit den Filmtagen Errol Flynns oder den langen Winterabenden mit Robin Hood unter der Bettdecke nicht mehr erlebt haben. Der sympathische Schmuggler mit seinem Raumschiff, mit dem er ebenso vertraut ist wie Lucky Luke mit seinem Pferd Jolly Jumper, sollte zur idealen Identifikationsfigur für die Jugendlichen werden, die auch mal Fünfe gerade sein lassen, dennoch aber das Herz auf dem rechten Fleck haben.

Anfang 1976 war es dann schließlich so weit – das Casting für »Krieg der Sterne« konnte beginnen.

Harrison Ford hatte zu dieser Zeit Mühe, das Mindesteinkommen als Schauspieler zu erreichen, das ihm die Krankenversicherung der Schauspielergewerkschaft sicherte. Seine Familie ernährte er durch Zimmermanns-Aufträge. Einen davon gab ihm Francis Coppola; er sollte im Studio-Büro des Produzenten eine komplizierte Wand ziehen. »Ich wußte, daß sie dort Casting hatten«, sagte er später, »und deshalb arbeitete ich immer nachts, um nicht zu stören«. Jetzt kam ihm, wie damals bei seinem ersten Job für

Ein Superstar wurde Ford mit »Krieg der Sterne«, ein Film, der zu den fünf erfolgreichsten Werken aller Zeiten zählt.

Columbia Pictures, wieder der Zufall zu Hilfe. Die nächtliche Arbeit an Coppolas Studio-Büro reichte nicht aus, er mußte auch tagsüber dort arbeiten. Ausgerechnet am gleichen Tag hatten George Lucas und Brian de Palma jeweils Castings für ihre neuen Filme angesetzt, Lucas für den »Krieg der Sterne« und de Palma für »Carrie«. Carrie Fisher war da, sie sollte die »Carrie« spielen und wurde die Prinzessin Leia, William Katt war da, er sollte vielleicht Han Solo spielen und wurde zum »Tommy Ross« in »Carrie«, und auch Amy Irving war da, sie sollte die Leia spielen und wurde die »Susan« in »Carrie« – verkehrte Welt also. Doch die beiden Freunde de Palma und Lucas waren nicht sauer aufeinander. Insgesamt übrigens waren Hunderte von Han Solos, Leias und Lukes am Set, allesamt scharf auf eine Rolle in diesem neuen Film.

In Interviews erzählte Harrison Ford, wie er an die Rolle kam. Während er erschöpft am Boden sitzt und Nägel in die Wand schlägt, kommen plötzlich Lucas und Coppola herein und erzählen sich Witze. Ford fühlt sich richtig schlecht und würde am liebsten verschwinden, doch Lucas begrüßt ihn und hat nichts dagegen, daß er weiterarbeitet. Die peinliche Situation entkrampft sich etwas, als Lucas seinen Bob Falfa aus »American Graffiti« bittet, mit den Aspirantinnen für die Rolle der Prinzessin Leia einige Texte zu üben. Endlich kann Ford wenigstens am Rande in seinem Element arbeiten. Er liest Texte, die eigentlich der Darsteller des Han Solo sprechen soll, und ist enttäuscht, daß er hier einen Part spricht, für den er, der Handwerker Harrison Ford, ohnehin nicht in Frage kommt.

Doch aus dieser Enttäuschung und dieser Peinlichkeit resultiert ein Harrison Ford, wie ihn sich George Lucas als Han Solo vorstellt: Exzentrisch, verschroben, mit Charme. Er hat die Rolle.

Eines war wichtig für Lucas: Er wollte ein Hauptdarsteller-trio haben, das zusammenpaßte, und so kam Harrison Ford nur im Zusammenspiel mit Mark Hamill und Carrie Fisher in Frage. Drei weitere solcher Trios waren aus anderen Castings hervorgegangen. Ein anderer Han Solo war zum Beispiel der junge schwarze Darsteller Glynn Turman, den Lucas nur verwarf, weil er zu dieser Zeit schon ahnte, daß eine Love-Story zwischen Han und Leia anstehen würde – er hatte Angst, daß das Publikum einer Schwarz-Weiß-Romanze nicht zustimmen würde.

Ein weiteres Trio bildeten Christopher Walken als Han, Will Seltzer als Luke und Terri Nunn als Leia. Auch Nick Nolte soll als Han Solo im Gespräch gewesen sein. Wenn es jetzt hier so aussieht, als ob allein der Zufall das Schicksal gelenkt hätte – ganz so war es nicht: Fords Freund Fred Roos hatte den Darsteller vorher bereits Lucas gegenüber favorisiert. Roos war es auch, der Lucas schließlich von Carrie Fisher überzeugen konnte, dem Drittel des Trios, das am Ende den Ausschlag für das Gesamtkonzept gab.

Nur am Rande: Lucas-Freund Coppola war enttäuscht von Lucas' Casting. Er und die Studio-Leute waren davon überzeugt, daß Newcomer dem Filmer schaden würden. George Lucas behielt jedoch recht und tat von da an im übrigen alles, Coppola aus seinen Projekten herauszuhalten. Und er engagierte für die Rolle des Ben Kenobi einen der besten Darsteller aller Zeiten – Alec Guinness.

Ford war glücklich, endlich eine Hauptrolle spielen zu dürfen. Daß ein Superhit daraus werden würde, hat natürlich auch er nicht geglaubt: »Ich denke, ich habe nicht erkannt, daß wir ein Winning Team waren. Nachdem ich zuvor sieben Jahre gezimmert hatte, wußte ich sowieso nicht, wie Erfolg aussah. Tatsächlich bekam ich für ›Krieg der Sterne‹ weniger Geld, als ich als Zimmermann verdiente.«

Die Dreharbeiten liefen in einer familiären und freundlichen Atmosphäre ab. Wie Dale Pollock schreibt, waren Carrie Fisher und Mark Hamill Schwesterchen und Brüderchen, während Harrison immer der »Ältere« war und manches »zuerst durfte«. Ford bewahrte eine gewisse Distanz zu seinen Co-Stars, wie sich Carrie Fisher erinnert: »Wenn man mit ihm zusammentrifft, ist man immer der Anfänger und er der Erfahrene. Ich glaube, er dachte, ich wäre immer etwas zu laut, zu unkontrolliert, und ich hatte das Gefühl, er könne mich jeden Moment unter den Tisch fegen oder das, was ich falsch gemacht hatte, verbessern.«

Doch die latente Arroganz von Harrison Ford legte sich bald auch in den Augen der anderen Darsteller. Mit ihren Dialogen hatten sie allesamt Probleme, und es gibt ein vielzitiertes Statement von Ford, das er seinem Regisseur am Set mehrfach an den Kopf geworfen haben soll: »Du kannst so einen Scheiß vielleicht schreiben, aber ganz sicher nicht sagen.« Lucas wußte, daß viele Szenen für sich allein genommen dumm und kindisch wirkten, doch er baute darauf, daß seine Akteure mitziehen würden. Er ließ sie improvisieren und war glücklich, wenn sie eigene Inspiration mit einbrachten, aber wenn er völlig anderer Meinung war als sie, setzte er sich unbeirrbar durch.

»Wir haben wenig Zeit vergeudet«, erinnert sich Harrison Ford an diese Zeit, »George war nicht die Art von Autorität, die sagt: ›Kleiner, vertrau mir, ich bin schon 25 Jahre im Geschäft‹, er war so unglaublich davon überzeugt, daß dieser Film nur gut werden würde, wenn die Beziehung zwischen uns Dreien stimmte, daß er unseren Beitrag dazu geradezu abforderte.«

Carrie Fisher hatte einige Probleme, weil sie die einzige Frau am Set in der Wüste von Tunesien war und dort eine Prinzessin spielen mußte ... Mark Hamill mußte schnell einsehen, daß er seinen eigenen Regisseur spielte – denn bekanntlich war Luke Skywalker nach den Kindheitsträumen seines Schöpfers George Lucas (Luke kommt von Lucas) geformt. Den leichtesten Job hatte sozusagen Harrison Ford, denn er mußte nichts anderes tun als sich selbst spielen.

Er war Han Solo, eine realistische Figur, in die er sich schnell hineindenken konnte. Lucas hatte die Lebensgeschichte Han Solos neu überdacht und seinem Helden, so wie ihn nun Harrison Ford spielte, eine Vita geschrieben: Zigeunerinnen des Weltalls hatten das Kind Han einst verlassen, das im Alter von sieben bis zwölf Jahren von Wookies (jenen Affenmenschen, denen auch sein Partner Chewbacca angehört) aufgezogen wurde. Als Junge war er Kadett der Space Academy, flog dort allerdings raus, weil er einen schwunghaften Handel mit den Antworten der Examensprüfungen betrieb. Danach dealte er mit Space-Dragstern und wurde zu guter böser Letzt ein Gewürzschmuggler, der mit seinem Raumschiff immer wieder interplanetarische Grenzen verletzte. Über allem aber steht seine Feindschaft gegenüber dem faschistoiden Imperium und sein letztendlich immer siegreicher humaner Geist.

Ein Charakter also mit Brechungen, wie sie Harrison Ford selbst erlebt hatte – keine allzu schwierige Aufgabe, das darzustellen.

Lucas übrigens hatte seine drei Hauptdarsteller vor der Reise nach Tunesien zur großen Besprechung in ein chinesisches Restaurant eingeladen – an diesem denkwürdigen Abend schwiegen sich die Vier fast zweieinhalb Stunden lang mehr oder weniger an, das frostige Klima erwärmte sich erst in der Sonne Tunesiens.

Nachdem alle Wüsten-Szenen im Kasten waren, wurden die komplizierten Studio-Drehs in Londons neuen Elstree-Studios inszeniert – Harrison Ford war von den europäischen Möglichkeiten tief beeindruckt. Es gab eine ganze Reihe von Verzögerungen, und mehr als einmal überkamen George Lucas doch Zweifel, ob sein Projekt wirklich ein Film mit Zukunft sei oder ob er nun vielleicht schon das Ende seiner Karriere bedeute.

Auch Harrison Ford war nicht überzeugt von der Gesamtidee, zu weit ab war man von allem, was in diesen Tagen Erfolg versprach: »Es gab halt, wie immer, zwei Möglichkeiten«, sagt Ford, »entweder das Ding würde von einer gewaltigen Menschenmenge akzeptiert werden, oder sogar meine Kinder würden angesichts dieses Schunds fluchtartig das Haus verlassen.«

Wie auch immer, mit enormen Verspätungen und Zusatz-Budgets, über die angesichts des Erfolges später keiner mehr redete, wurde der Film fertig. Nun war es an den Prouzenten und Verleihern, die Filmtheaterbesitzer auf das Werk einzuschwören. Die ersten Testvorführungen waren wenig vielversprechend, eine Rohschnitt-Vorführung vor Willard Huyck und Gloria Katz (Drehbuchautoren für Lucas und Spielberg), John Milius, Steven Spielberg, Brian de Palma und dem Kritiker Jay Cocks endete mit der Feststellung: »Ein Desaster«.

Brian de Palma hat Lucas an diesem Abend so sehr heruntergeputzt, daß Lucas ihn die Anfangssequenz neu schneiden ließ! Doch dann wurden die Unmengen von Spezial-Effekten dazugebastelt und in den Film eingeführt, und John Williams schrieb die Musik dazu. Die Musik war so gut, daß jene, die die ersten vertonten Filmteile sahen, ausriefen: »Mein Gott, was ist passiert!« Lucas war überglücklich, daß alles sich nun zum Besseren wandte. Die Testvorführungen zeigten mehr Erfolg, und die Vorführung des Films vor dem Team eine Woche vor der Premiere wurde zum Fest. Harrison Fords Kommentar an diesem Abend: »Whooow!«.

Um jetzt nur noch kurz zu erzählen, was längst Filmgeschichte ist: »Krieg der Sterne« wurde zum erfolgreichsten Film aller Zeiten (noch über 10 Jahre später war er unter den fünf erfolgreichsten der Filmgeschichte), es war der erste Film, der an einem Wochenende über 10 Millionen Dollar einspielte, ein ungeheures Vermarkten von Musik, Figuren und Film setzte ein. Lucas wurde mit seinen Rechten, die er sich gesichert hatte, binnen kurzem zum (Dollar-) milliardenschweren Medien-Tycoon und alle Hauptdarsteller des Filmes zu reichen Leuten.

Der Regisseur war so großzügig, seine Stars, die ja im übrigen auch für die Fortsetzungen gebraucht wurden, prozentual am Erfolg zu beteiligen. »Das tat ich, weil sie nach Drehbuch und Regie das meiste zum Erfolg beitrugen.« Hamill, Fisher und Ford teilten sich 2 %, das sind bis heute viele Millionen Dollar für jeden – nur aus dem ersten Teil der »Krieg der Sterne«-Trilogie. Auch die wichtigsten Techniker wurden übrigens nach einem komplizierten Punktesystem beteiligt.

Auch die Kritiken waren gut – Schreiber und Publikum fanden in einer seltenen Allianz zusammen. Ford übrigens erhielt seine ersten Rezensionen überhaupt, und es stellte sich heraus, daß seine Ängste unberechtigt waren: Jedermann bescheinigte ihm eine ungewöhnliche Präsenz und beschrieb ihn als »liebenswerten Söldner«. Er selbst mag sich als Han Solo, auch wenn er sagt: »Mein Ausdruck bleibt beschränkt und das, was ich als Schauspieler wirklich bin, konnte ich erst später voll geben.« Daß er nicht mehr Schrankwände und Türen bauen muß (daß er es immer noch will, ist eine andere Sache), das verdankt er allerdings George Lucas und »Krieg der Sterne«.

»Fehler sind unvermeidbar«, sagt er gerne in Interviews, »unglücklicherweise leben sie im Film weiter und zwar 10 × 15 Meter groß, so groß wie eben wie Leinwand ist. Doch das ist der Preis, den man dafür bezahlen muß.«

Das soll nicht heißen, daß er seine Rolle als Han Solo heute als Fehler ansieht, doch als bekannter Schauspieler war er lange, zu lange auf das Action- und Abenteuer-Genre festgelegt. »Ich glaube tatsächlich, daß es gut ist, nicht zu früh als Star festgelegt zu werden«, ergänzt er dann, »ich bin glücklich darüber, daß man mir erlaubt hat, mich so langsam zu entwickeln. Überlegen Sie mal, ich war über 12 Jahre in dem Geschäft, bis ich in ›Krieg der Sterne‹ spielte. Ich denke, das ging in Ordnung. Ich bin der Typ, der aus seinen Erfahrungen lernt, nicht aus anderen Quellen. Und ich hatte eine Menge zu lernen.«

Daß Ford plötzlich als Posterheld weltweit in Millionen von Kinderstuben hängt, ist mehr ein Nebeneffekt des Films, mit dem Dasein als Star muß er sich erst langsam anfreunden.

Zwischenspiel: Fünf Filme und eine Krise

Nun war Harrison Ford also ein Star! Das, worauf er so lange gewartet hatte, war eingetreten, blitzartiger als bei den meisten anderen, denen so etwas widerfährt. Zunächst einmal änderte sich allerdings nicht allzuviel. Ford hatte ja nur ein paar Dutzend Drehtage absolviert, die ihm nach einer Wartezeit von einem halben Jahr eine Menge Geld einbrachten. Von nun an war er zumindest die Existenzsorgen los, das Mindesteinkommen für die Schauspielergewerkschaft und ihre Krankenversicherung stellten jedenfalls keine Hürde mehr dar. Er konnte seinen Söhnen öfter einmal kleine Geschenke machen, er konnte sogar Geld sparen. Ansonsten blieb er jedoch erst einmal auf dem Teppich: er kaufte kein neues Haus, keinen neuen Wagen, er blieb gegenüber allen anderen Verlockungen des Reichtums, denen gerade in Hollywood so viele Menschen erliegen, immun.

Er schreinerte weiter, jetzt nicht mehr, weil er mußte, sondern weil er wollte. Er verbrachte seine Tage damit, sich auf das Leben nach dem »Krieg der Sterne« vorzubereiten: »Das konnte es nun wirklich nicht gewesen sein«, sagte er sich. Natürlich träumte er davon, jetzt bald die Rollen spielen zu können, die er spielen wollte. Das zu spielen, was er sich selbst aussuchen würde, ohne daß ein hilfreicher Fred Roos oder ein merkwürdiger Zufall ihn unterstützte.

Doch bis es soweit war, sollte für Harrison Ford noch eine ganze Zeit vergehen. Das Leben hatte einige weitere Lektionen für ihn parat. Natürlich – »Krieg der Sterne II« würde gemacht werden, daran bestand kein Zweifel nach dem phänomenalen Erfolg von Teil I. Und George Lucas ließ auch von Anfang an nicht den geringsten Zweifel daran, daß die Kernbesetzung wieder mit dabei sein würde.

Doch zunächst mußte Lucas sich um einen anderen Film kümmern, den er Universal Pictures nach »American Graffiti« noch schuldete – »More American Graffiti« sollte der Streifen heißen und im wesentlichen die gleichen Hauptdarsteller haben wie der erfolgreiche erste Teil. Lucas, der nicht selbst Regie führte (lediglich einige Sequenzen, die in Vietnam spielten, eine »kleine Apocalypse Now«, inszenierte er selbst), nutzte diesen Film, um mit Universal abzurechnen, dem Studio, das zwei Jahre zuvor »Krieg der Sterne« nicht machen wollte. Nicht, daß er den Film sabotierte, aber das Werk wurde auf eine merkwürdige Weise aufwendig, teuer und komplex. So komplex, daß »Variety«, die große Show-Zeitschrift Hollywoods, schrieb, daß »More American Graffiti« einer der besten Filme des Jahrzehnts sei, nur – niemand wollte ihn sehen.

Und so ging auch ein Cameo-(Gast-)Auftritt von Harrison Ford unter, in der er seine Rolle als Bob Falfa wieder spielt. Aus dem flippigen Dragsterfahrer ist allerdings inzwischen ein fieser Polizei-Offizier geworden, dem es großen Spaß macht, die Kids wegen ein paar Gramm Marihuana ins Gefängnis zu stecken. Der Auftritt war wirklich nur ein Mini-Gastspiel Lucas zuliebe, in der Besetzungsliste dieses Films wird Ford nicht einmal geführt.

Bis zum »Krieg der Sterne II« – den tatsächlichen Titel des neuen Films wußte zu dieser Zeit noch nicht einmal Lucas – sollten noch fast drei Jahre vergehen.

Zum einen, weil die Vorbereitungen für einen solchen Film wirklich lange dauern, zum andern, weil Lucas seine Idee nicht auf die Schnelle ausbeuten wollte, im Gegenteil: Es wurde eine Serie von 10 Filmen angekündigt, die im Verlauf von über 20 Jahren in die Kinos kommen sollten! Außerdem war Lucas ein Perfektionist, der inzwischen eine eigene Spezialeffekt-Firma gegründet hatte (ILM/Industrial, Light and Magic), die unter Richard Edlund an neuen Konzepten für Filmtricktechnik arbeitete – Lucas wollte viel für sein Publikum tun. Für Ford bedeutete das alles, sich in diesen Jahren nach neuen Jobs umzusehen, wenn er nicht aus der darstellerischen Übung kommen wollte. Nun wartete er also auf Angebote, doch es kamen nicht die, die er sich gewünscht hatte. Und auch Hauptrollen mochten sich zunächst nicht einstellen.

»Helden von heute« hieß der Film, in dem Ford seine erste Rolle nach »Krieg der Sterne« spielte. Jeremy Paul Kagan hieß der Regisseur eines der ersten Vietnam-Bewältigungsfilme.

Vermutlich war der Vietnam-Krieg jedoch einfach noch zu nahe für die meisten Amerikaner – die Verdrängungsmaschinerie lief auf Hochtouren und Trauma-Aufarbeitungen, wie sie Coppola, Parker, Kubrick und andere später versuchten, waren noch nicht angesagt. »Helden von heute« jedenfalls war ein Flop und hatte Mühe, seine Herstellungskosten wieder hereinzubringen. Immerhin – die Kritiker erwähnten von nun an, daß da auch ein gewisser Harrison Ford mitgespielt hatte, und mochten seine Darstellung des Ex-Soldaten Ken.

Auch hier spielte Ford wieder einen Typen mit Ecken und Kanten, der nach seiner mörderischen Erfahrung in Asien zum Eigenbrötler geworden ist, der seine verfallene Hütte für eine Ranch hält, auf der man mit einer Familie leben

kann. Immerhin, er hatte das Gefühl, erstmals in einem
»ordentlichen« Film eine »ordentliche Rolle« gespielt zu
haben. Nachdem kein anderes Angebot auf ihn zugekom-
men war, heuerte er bei dem Action-Spezialisten Guy
Hamilton an, der gerade dabei war, eine Fortsetzung der
Alistair MacLean-Verfilmung »Die Kanonen von Navarone«
vorzubereiten. »Der wilde Haufen von Navarone« hieß der
Streifen.

Es gibt nichts zu beschönigen – der Film war schlecht.
Auch Harrison Ford, der sich Mühe gab, als Elite-Soldat
grimmig auszusehen, kam über sein Freibeuter-Lächeln in
diesem Film nicht hinaus. Die Dreharbeiten hatten unter
schlechten Wetterbedingungen an Originalschauplätzen
stattgefunden und alles in allem waren sie für die gesamte
Crew so unbefriedigend wie der Film später für die
Zuschauer. Der Film fand dementsprechend auch nur
Anklang beim Stammpublikum solcher Action-B-Movies.

Für Harrison Ford begann mit den Arbeiten an diesem
Streifen auch privat eine Durststrecke – seine Ehe mit Mary
war den Turbulenzen der ständigen Trennungen nicht
gewachsen und ging während dieser Monate in die Brüche.
Er stürzte sich in die Arbeit, um zu vergessen, und wählte
einen Film aus, von dem er sich ein wenig künstlerisches
Renommee erhoffte. Peter Hyams, der in London den Film
»Das tödliche Dreieck« (»Hanover Street«) drehte, suchte
gerade einen neuen Hauptdarsteller, weil Kris Kristofferson
ausgeschieden war – Hyams mußte bis nach Jugoslawien
fliegen, um Ford zu überzeugen . . .

Die Love-Story eines jungen Piloten und der Ehefrau eines
Geheimdienst-Chefs brachte Harrison Ford immerhin seinen ersten Kuß auf der Leinwand ein – Lesley-Ann Down
spielte seine Partnerin. Die Kritiker stritten sich um den
Film, manche mochten Fords Darstellung, manche nicht.

Der Kritikerpapst der »New York Times«, Vincent Canby, meinte, er wisse nicht, ob dieser Film sehr zur Popularität von Harrison Ford beitragen könne. Nun, das konnte er schon deswegen nicht, weil nur ganz wenige Menschen dieses Werk jemals zu Gesicht bekommen haben, denn leider erwies sich der Streifen bei aller Ernsthaftigkeit, die er vorgab, als Kassengift und landete schon nach kurzer Zeit im Film-Museum . . .

Und wieder stellte sich für Harrison Ford die Frage, in welcher Art von Filmen er spielen sollte. Da war sie wieder, die alte Unsicherheit, die ihn schon vor vielen Jahren geplagt hatte. »Es ist aber gut, daß ich mir diese Frage noch stellen muß«, resümierte er zu diesem Zeitpunkt, »wenn man mich nur in eine bestimmte Darsteller-Ecke gedrängt hätte, zum Beispiel als Märchenheld à la Han Solo, wäre ich noch unzufriedener gewesen«.

Sein nächster Auftritt war wieder eine Gastrolle; in dem Film, den George Lucas einst drehen wollte und der nun endlich produziert wurde – Coppolas grandioses Vietnam-Epos »Apocalypse Now«, für das der Mentor des New Hollywood sogar Marlon Brando wieder vor die Kamera bekommen hatte.

Ford spielte einfach einen Colonel, der bei einer Besprechung kurz zu sehen ist. In dem Moment, als der in der Besetzungsliste nicht namentlich erwähnte Offizier alias Ford seine Sonnenbrille abnimmt, zoomt Francis Coppola mit der Kamera kurz auf sein Namensschild an der Brusttasche des Hemdes. Darauf steht klar und deutlich für einen Augenblick zu lesen: Col. George Lucas. Auf diese Weise söhnte sich Coppola mit seinem Freund aus, der wegen Profitstreitereien und anderem Kompetenzgerangel sauer auf den Ex-Partner war.

Daß Coppola sich dafür Harrison Ford aussuchte, spricht für

den Schauspieler als integrative Kraft zwischen den beiden Regisseuren. Harrison Ford selbst übrigens war nie Soldat und schon gar nicht Vietnam-Veteran und teilte in Interviews seine pazifistische Einstellung zu diesem Themenkomplex mit:

»Selbst dorthin zu gehen, konnte ich mit meinem Glauben nicht vereinbaren, nicht allein aus religiösem Glauben, sondern vielmehr aus meinem eigenen Glauben an die Wichtigkeit von Moral. Ich hätte keine Angst vor Verwundung oder vorm Sterben gehabt – aber ich hätte Angst vor mir selbst gehabt oder besser davor, was ich in Vietnam getan haben könnte. Sehen Sie sich an, wovon ›Apocalypse Now‹ handelt. Für mich war das alles sehr kompliziert, und ich schrieb damals 20 Seiten lang auf, warum ich den Kriegsdienst verweigerte. Ich wartete damals auf eine Antwort vom Gericht. Bevor die aber kam, hatten sie die Regeln geändert und Männer, die Kinder zu Hause hatten, vom Dienst in Vietnam befreit. Meine Frau war zu dieser Zeit schwanger, und das war's für mich in Sachen Kriegsdienst.«

George Lucas, der Ford in »Apocalypse Now« zunächst nicht erkannte, soll sich über die Geste des Freundes sehr gefreut haben.

Eine Antwort auf die Frage, wie es weitergehen sollte, hatte Ford mit diesem Auftritt natürlich nicht gefunden – im Gegenteil, er war verunsichert, weil er auch ein bißchen Angst davor hatte, welchen Einfluß »Krieg der Sterne II« auf ihn haben würde. So entschloß er sich, ganz einfach einmal das Genre zu wechseln und in einer Komödie mitzuspielen: in »Ein Rabbi im Wilden Westen«.

Robert Aldrich, einer der großen Regisseure von knallharten Action-Filmen, drehte diesen chaotischen, netten kleinen Film mit Gene Wilder in der Hauptrolle.

Wilder spielt den Rabbi Avram Mutz, der, aus Europa

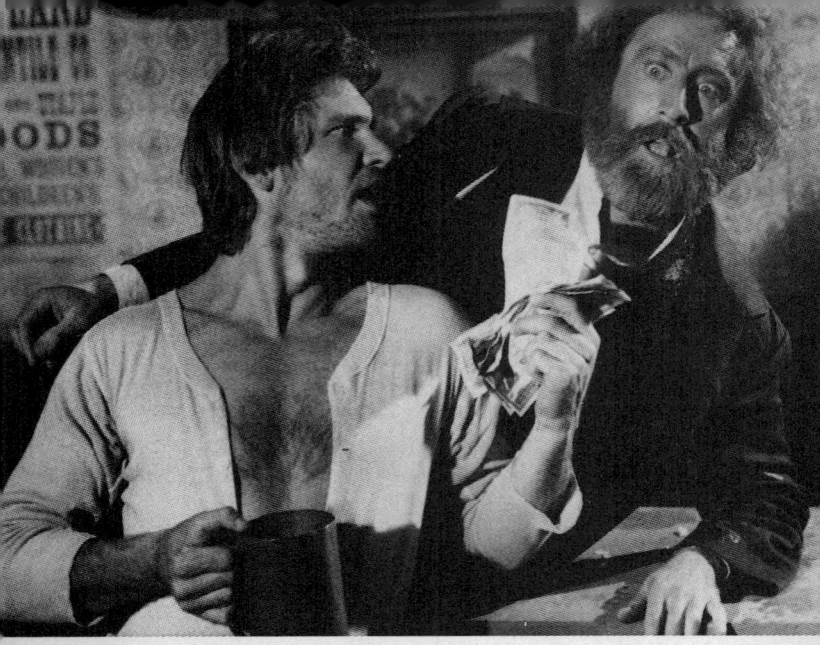

Ein Rabbi im wilden Westen.

kommend, Amerika entdecken will und die dort lebenden wilden Horden missionieren möchte. Auf dem Weg nach San Francisco – der Oberrabbiner in Polen hatte ihm gesagt, das läge in der Nähe von New York – trifft er den Revolverhelden Tommy Lillard (Harrison Ford), mit dem er von nun an gemeinsam durch die Lande zieht. Beide haben den gleichen inneren Drang: Frieden schaffen.

Der eine mit der Thora-Rolle zum Segen der Allgemeinheit, der andere mit der Knarre zum eigenen Segen.

Die Abenteuer der beiden schreien zum Himmel, bis der Herrgott ein Einsehen hat und für das unvermeidliche Happy-End sorgt. Hier ging die Kritik wieder etwas netter um mit dem frischgebackenen Komiker Ford. Selbst seine

Söhne mochten ihn in dem Streifen, insofern war er also kein Reinfall. An der Kinokasse jedoch hatte »Frisco Kid«, so der Originaltitel, keinen Erfolg – Harrison Ford als Star zog noch nicht, dazu war es einfach noch zwei Filme zu früh.

Seit »Krieg der Sterne« hatte er aber immerhin in nicht weniger als fünf Filmen mitgespielt – nicht der schlechteste Weg, um die Zeit bis zu »Das Imperium schlägt zurück«, wie der neue »Star Wars«-Film heißen sollte, zu überbrücken und um zugleich die Krise im Privatleben besser zu verdauen.

Nachdem er und seine Frau Mary sich getrennt hatten, lebten die Kinder mal bei ihm, mal bei ihrer Mutter – nicht immer erfolgreich versuchte er, die Kinder vor den eigenen Krisen zu bewahren. Das war auch eine Zeit, in der er nur wenig zimmerte – die Werkstatt blieb manchmal über Monate hinweg unbenutzt.

1979 nahm »Das Imperium schlägt zurück« langsam Formen an, und Lucas begann, seine Original-Besetzung wieder zusammenzutrommeln. Allerdings – wenn einer der Stars nicht zugesagt hätte, hätte er ihn einfach aus dem Drehbuch herausgeschrieben, meint Lucas-Biograph Pollock. Soweit sollte es bekanntlich nicht kommen.

Natürlich bot Lucas höhere Gagen als beim ersten Film und den drei Haupt-Stars garantierte er wieder Prozent-Punkte. So zuvorkommend hätte er gar nicht sein müssen, denn Carrie Fisher und Mark Hamill waren durch ihre Original-Verträge ohnehin dazu verpflichtet, im Falle von Sequels zur Verfügung zu stehen. Nur über Harrison Fords Gage mußte neu verhandelt werden, der dabei selbstverständlich in einer Top-Position stand und ein Vielfaches von dem verlangte, was er an »Krieg der Sterne« verdient hatte – damit trieb er auch die Gagen seiner Mitakteure in die Höhe.

Zuletzt erhielten Fisher, Hamill, Ford jedoch ziemlich exakt das Gleiche. Wichtiger als das Geld allerdings war für Ford

Im Imperium von George Lucas. Ford als Han Solo in »Das Imperium schlägt zurück.«

die Erfüllung einer anderen Bedingung: Er wollte seine Rolle selbst ausbauen, ihr neue Impulse geben. Han Solo sollte noch draufgängerischer, frecher und dabei sympathischer sein als vorher, sollte eine Spiegelung des Rhett Butler aus »Vom Winde verweht« sein.

Das fügte sich blendend in Lucas' Konzept, und so wurde die Liebesgeschichte in den beiden neuen »Krieg der Sterne«-Filmen dem legendären Filmklassiker nachempfunden: Han Solo war Rhett, die Prinzessin war ein Spiegelbild von Scarlett O'Hara, und hinter dem spitzbübischen Grinsen von Luke Skywalker versteckte sich Ashley Wilkes. »Es mußte ein richtiges Liebes-Dreieck sein«, sagte George

Lucas dazu, »sie sollen eifersüchtig sein, aber zum Schluß gibt es ein Happy End«.

Die Dreharbeiten standen vor der Tür, und Harrison Ford war im Begriff, ein Serienheld zu werden.

Der Serienheld

Während die Vorbereitungsarbeiten für »Das Imperium schlägt zurück« auf Hochtouren liefen, fand George Lucas Zeit, sich noch um ein anderes Projekt zu kümmern, das ein berühmter Kollege schließlich inszenieren sollte: »Jäger des verlorenen Schatzes« hieß dieses Projekt, und es handelte von einem Archäologen, der in den 30er Jahren die Welt auf der Suche nach uralten Mysterien umgrub.

Die Idee dazu war Lucas etwa zeitgleich mit der zum »Krieg der Sterne« gekommen, ins Planungsstadium reifte sie nach einem Urlaub, den Lucas und Steven Spielberg Jahre später zusammen auf Hawaii verbrachten. Der Legende nach skizzierten sie die groben Umrisse der Geschichte in den heißen Inselsand.

Im Januar 1979 dann, nur acht Wochen vor Drehbeginn von »Imperium«, kam es zu einem gemeinsamen Treffen zwischen Spielberg, Lucas und dem designierten Drehbuchautor des neuen Films, Lawrence Kasdan. Es wurde darüber diskutiert, ob der Film sich an den berühmten »Cliffhanger«-Serien der 30er Jahre orientieren oder mehr eine Achterbahnfahrt à la Disneyland werden sollte.

Man einigte sich darauf, daß schon die Eröffnungssequenz die Zuschauer so mitreißen müsse, daß sie keine Zeit zum Durchatmen hätten.

»Am liebsten hätte ich ein Drittel des Films für die Eröffnung«, bekannte Lucas, »dann könnten wir dem Publikum eine kleine Pause gönnen und mit dem nächsten Cliffhanger weitermachen«.

Indiana Jones, der nach einem Hund von Lucas' Frau Marcia benannte Held (der Nachname Jones wurde anstelle von Smith verwandt, weil Smith zu bekannt war!), sollte Humphrey Bogart in »Der Schatz der Sierra Madre« nachempfunden sein: Khaki-Klamotten, Lederweste, Peitsche. Er sollte ein Freibeuter des Archäologie-Gewerbes sein, der für eine der Trophäen, die er jagt, auch mal die tugendhaften Pfade des Gesetzes verläßt, andererseits aber, wie sein SF-Kollege Han Solo, das Herz auf dem rechten Fleck hat. Er mußte eine Vertrauen einflößende Person sein, schließlich sollte auch er zur Identifikationsfigur für Millionen Jugendliche werden.

Dem jungen Drehbuchautor Kasdan war das alles ein wenig zu simpel, der anspruchsvolle Autor (der zuletzt so wunderbare Filme wie »Der große Frust« oder »Die Reisen des Mr. Leary« inszenierte) wollte »Indy«, wie er schnell genannt wurde, als seriösen Forscher vorführen, der eher zufällig von einem Mißgeschick ins nächste tapst. Doch er wußte, daß Lucas einen Riecher für publikumswirksame Geschichten hatte, und fügte sich ... Kasdan schrieb zuerst ein eher langsames Drehbuch, doch Lucas wies ihn zurecht: »Wir müssen unseren Helden in halsbrecherischem Tempo rund um die Welt hetzen«, konstatierte er und fand darin natürlich Unterstützung beim Freund und Regie-Genie Steven Spielberg. Der wollte übrigens einen Indiana Jones, der, dem Suff nahe, von einem inneren Zwang durch die Welt getrieben wird und dabei recht oft über die Stränge des Gesetzes stolpert. Doch das war Lucas zuviel des Bösen.

Der Kompromiß resultierte aus der Überlegung, wen man für die Hauptrolle nehmen sollte. »Es müßte ein Typ sein wie

Harrison Ford«, meinte Lucas und machte sich sogleich auf die Suche nach einem solchen Typen. Er sollte noch nicht allzu bekannt sein, andererseits aber auch ein Action-Image vermitteln.

Die erste Wahl fiel auf Tom Selleck, den Star der CBS-Fernsehserie »Magnum«. CBS fand das nicht so witzig, man entschied vielmehr, daß jemand, den Lucas so dringend wollte, zu wertvoll sei, um ihn vorzeitig aus dem Vertrag zu entlassen. Spielberg wollte von Anfang an, daß Harrison Ford die Rolle übernahm, doch Lucas seufzte. Er wollte in seinen Filmen unterschiedliche Darsteller unterbringen, und Ford sollte im Grunde kein Abonnement erhalten ... Ford selbst wußte von diesen Querelen erst einmal nichts, aber ihm gefiel immerhin das Drehbuch, das Spielberg ihm geschickt hatte. Insgeheim hoffte er, berücksichtigt zu werden, wie er später zugab: »Ich riß mich nicht darum, denn sie wußten ja, wo sie mich finden konnten. Das war auf jeden Fall die dominanteste Figur, die bis dahin in einem Film von George vorkam, anders als in seinen Theorien über Filmstars bisher.«

Doch noch war die Zeit von Indiana Jones nicht angebrochen, denn zunächst einmal begannen Ende März 1979, also zwei Monate nach der »Indy«-Konferenz, die Arbeiten für »Das Imperium schlägt zurück«, die bis dahin »kompliziertesten Dreharbeiten der Filmgeschichte«, wie Lucas mehrfach selbst zugab.

Die Szenen auf dem Eisplaneten Hoth eröffneten dieses harte Stück Filmarbeit. Für Harrison Ford begann alles mit dem Gefühl, »daß das alles lange her und weit, weit entfernt ist«, wie im Anfangstitel des Films erzählt wird – und zwar buchstäblich. Der Zug, der ihn an den Set nach Nordnorwegen bringen sollte, blieb nämlich wegen eines Erdrutsches im Tunnel stecken, und der Hauptdarsteller, der für die ersten Szenen gebraucht wurde, konnte nur mit Verspätung anrücken.

Dennoch – die Szenen in Norwegen waren ein Kinderspiel gegen das, was sich in den Londoner Elstree-Studios anschloß: Dort nämlich hatte man das Quartier der Rebellen aufgebaut und in Halle zwei Han Solos Raumschiff »Millenium Falcon« in Originalgröße errichtet, einen gigantischen Set, für den insgesamt 15 Millionen Dollar, eine zu dieser Zeit unvorstellbare Summe, ausgegeben wurden – insgesamt kostete der Film übrigens 23 Millionen Dollar (ohne Bankzinsen!).

Lucas' Spezialeffekt-Firma ILM hatte mit Richard Edlund und Brian Johnson die besten Trick-Experten der Welt aufgeboten, und insgesamt 60 % des fertigen Films bestanden aus reinen Trick-Sequenzen, der Anteil von Filmtricks war also gegenüber dem »Krieg der Sterne« drastisch erhöht worden.

Zwischen all den Tricks war dennoch Platz für die aufkeimende Liebesgeschichte zwischen Han Solo und Leia, die ihren vorläufigen Endpunkt in der Schlußszene des Films findet, in der Han von den Schergen des Imperiums eingefroren wird; als Leia ihm verzweifelt nachruft: »Ich liebe Dich«, antwortet er verbissen und in den letzten Zügen vor dem Tiefschlaf: »Ich weiß«.

Lucas war sich zu dieser Zeit seines Hauptdarstellers nicht so sicher, denn er schloß die Möglichkeit nicht aus, ihn im dritten Teil vom »Krieg der Sterne« nicht wieder aufzutauen. Ford selbst hatte vom Charakter des Han Solo die Nase voll und bat Lucas sogar darum, sterben zu dürfen. Doch das mochte Lucas nun auch nicht, wir alle wissen warum: Effektvoller kann ein eingefrorener Mensch nicht auftauen als Harrison Ford in »Die Rückkehr der Jedi Ritter«.

Fast drei Jahre wurden die Fans auf die Folter gespannt:

»Stirbt Han Solo oder stirbt er nicht?«. Da kamen die Todesgerüchte, die Harrison Ford unbeabsichtigt, aber publicitywirksam ausstreute, Lucas gerade recht. Eine Klausel im Vertrag sah im übrigen nunmehr die Teilnahme Fords auch an weiteren »Krieg der Sterne«-Folgen vor – ein Aussteigen ohne Lucas' Zustimmung wäre zumindest nicht leicht gewesen.

Der Film wurde schließlich fertig, aber es »war eine Quälerei«, wie viele Beteiligten fanden. Diesmal mußten die Kinobesitzer nicht auf das Projekt eingeschworen werden, im Gegenteil – Hunderttausende von Kinokarten wurden schon in den Tagen vor dem Filmstart vorverkauft, und bereits im Vorfeld zeichnete sich ein sensationelles Box-Office-Ergebnis ab. Die Kritiken zu diesem Film waren eigentlich unwichtig, denn keiner wollte sie lesen, jeder wollte den Film sehen. So groß war die Mund-zu-Mund-Propaganda, daß der Streifen schnell 300 Millionen-Dollar einspielte und damit den »Krieg der Sterne« noch übertraf.

Die Promotion- und Merchandising-Maschinerien des neuen Großkonzerns Lucasfilms liefen auf Hochtouren, und jene, die Teil I nicht gesehen hatten, konnten das natürlich inzwischen nachholen. »Ja«, erinnert sich Harrison Ford an diese stürmischen Tage, als sein Superstar-Status wuchs und wuchs, »ich hab's erst nicht geglaubt. Aber es funktionierte tatsächlich.«

Er war sich klar darüber, daß ihn jetzt nichts mehr davor bewahren würde, ein Serien-Held zu werden, was er eigentlich gar nicht wollte. Doch bevor er auch nur an »Jedi« denken konnte, packte ihn eine zweite Filmserie mit Wucht – »Indiana Jones«.

Nachdem nun also kein Typ »ähnlich wie Harrison Ford« gefunden werden konnte, nahm man ihn einfach selbst – Spielberg hatte nach einem langen Abendessen den Freund

und Produzenten Lucas davon überzeugt, doch wieder mit Ford zu arbeiten (bereut hat Lucas das natürlich nie). Mit Lucas hatte Ford während der Drehzeit zu »Jäger des verlorenen Schatzes« ohnehin nur sehr wenig zu tun, denn der hörte praktisch auf, sich darum zu kümmern, als die Dreharbeiten begannen. Lucas arbeitete nach »Imperium« monatelang mit Kasdan am Drehbuch und feilte mit Spielberg an den Charakteren, aber was die Kunst der Inszenierung anbelangte, mischte er sich nicht mehr ein (was er bei »Imperium« noch reichlich getan hatte, sehr zum Unwillen von Regisseur Irvin Kershner). »Spielberg ist der bessere Regisseur«, bekannte Lucas, ohne das als Grund für seinen frühen Rückzug aus dem Regiegeschäft gelten zu lassen, »er ist einzigartig, er ist der talentierteste Filmemacher, den ich je getroffen hatte. All die Talente, die ich vielleicht habe, liegen auf anderen Gebieten als seine. Ich habe so eine Art Sensibilität für den Massengeschmack. Er aber kann Filme machen.«

Zwar begleitete Lucas Spielberg fast während des gesamten Drehs an »Jäger des verlorenen Schatzes«, aber er mischte sich nicht aktiv ein: »Das einzige, was mir in Tunesien widerfahren ist, ist ein fürchterlicher Sonnenbrand«, erinnert er sich.

So ganz mochte er aufs Inszenieren dennoch nicht verzichten; er arbeitete an einigen Second-Unit-Szenen. Die Freundschaft zu Spielberg überlebte alle Anfechtungen von Innen und Außen, und das Verhältnis zum Hauptdarsteller Harrison Ford war ähnlich entspannt. »Er brachte viel in seine Rolle ein«, erzählt Spielberg in Interviews, »es war eine Freude, mit ihm zu arbeiten.«

Ford hatte jede Menge Ideen für seine Rolle, und die besprach er bereits im Vorfeld in langen Gesprächen mit seinem Regisseur, ohne daß dies im Vertrag vereinbart war.

Sonnenbrand in Tunesien. Ford in »Jäger des verlorenen Schatzes«.

In Tunesien, Frankreich und den USA fanden Dreharbeiten statt. Zu den gefährlichsten Komparsen gehörten Tausende von Schlangen, die für die Schlangengrube gebraucht wurden, in die es Indy und seine Freundin Marion verschlägt.

Indiana Jones, der knallharte Abenteurer, hat vor nichts auf der Welt Angst außer vor Schlangen; Harrison Ford dagegen, der scheue Star, mag die Reptilien, die er schon als Pfadfinder in Kindertagen ausgiebig beobachtete ... In einem Interview bekannte der Darsteller: »Es sah dramatisch aus, war aber halb so wild. Unter den rund 8.000 Schlangen waren nur 10 giftige Königskobras. In der Szene, in der ich hinunterfalle und einer Kobra in die Augen schaue, wurde ein Trick angewandt: Zwischen mir und der Schlange waren zwei dicke Glasscheiben aufgestellt.«

Ein Schlangenexperte und ausreichend Serum waren zwar

vor Ort, aber es wurde niemand gebissen. In Tunesien hatte sich Ford eine Durchfallerkrankung zugezogen, die ihn für ein paar Tage aufs Lager warf – das war das einzige Mal, daß er nicht voll einsatzfähig war. Seine Stunts hatte Ford bis dahin übrigens praktisch alle selbst gedreht – nur für die ganz heißen Szenen mochte man ihn nicht mehr allein losschicken, schon allein aus versicherungstechnischen Gründen engagierte man für diese Fälle den Stunt-Veteranen Vic Armstrong.

»Nur die Kletterei unter dem fahrenden Lastwagen und der Sprung vom galoppierenden Pferd auf den Lastwagen wurden von Vic gedoubelt. Bei der Prügelei unter dem kreisenden Flugzeug geriet mein rechtes Bein unter die Räder des Flugzeugs. Wie durch ein Wunder blieb ich unverletzt. Und bei der Anfangsszene, als wir mit dem Flugzeug vom Wasser abheben wollten, ist das Flugzeug ins Wasser abgestürzt. Aber dabei ist auch nichts passiert.«

Was sagt Ford eigentlich selbst zu seiner Rolle als Abenteurer? »Solche Filme zu machen, ist ein Abenteuer an sich! Ich bin, glaube ich, der einzige Mensch in ganz Los Angeles, der nicht joggen geht oder Bodybuilding macht. Ich halte mich einfach bei der Filmerei fit.«

In einer Szene sollte Ford sich mit einem grimmigen Kerl prügeln, der säbelschwingend demonstriert, daß er Indy gleich den Garaus machen wird. »Ich sollte nach vorne rennen und mir ein richtig schönes langes Duell mit dem Mann liefern. Aber mir war noch ganz übel vom Durchfall, und so zog ich einfach meine Pistole und tat so, als würde ich ihn umlegen. Ich war ziemlich überrascht, daß sie diese Szene drinließen.« Die Szene blieb nicht nur drin – sie gilt vielen Fans trotz ihrer Brutalität als witzigste des ganzen Films und liefert ein gutes Beispiel für Fords mitunter bissigen Humor.

Um wieder einmal die Kritiker zu bemühen: »Jäger des verlorenen Schatzes« war ein weiterer Durchbruch für Harrison Ford, denn zum erstenmal trug er alleine einen Blockbuster und mußte seinen Credit nicht mehr mit anderen Schauspielern teilen. Die Presse-Profis, die es immer besser wissen, bescheinigten ihm endlich einmal ein weiteres darstellerisches Spektrum als bisher, einer prophezeite gar: »Bald wird Harrison Ford erwachsen«.

Doch auch dieser Film brauchte keine Zeitungsberichte, denn er war so sensationell, daß die Fans begeistert ihren Freunden weitererzählten, daß da großes Achterbahn-Abenteuerkino zu sehen sei. Binnen kurzem hatte dieser Spielberg-Film wieder einmal alle Rekorde gebrochen und sich schnell in die Top-Drei (neben »Krieg der Sterne« und »Imperium«) vorgearbeitet.

Also stand auch hier schnell fest, daß eine Fortsetzung nötig war – der Superstar Harrison Ford hatte eine weitere Dimension der Popularität erreicht, wobei natürlich viele Han Solo-Fans gleichzeitig auch Indy-Fans waren.

Harrison Fords nächste Rolle war die des »Blade Runner«, doch bevor wir davon erzählen, schweifen wir ein wenig von der Chronologie ab, »vollenden« zunächst die »Krieg der Sterne«-Trilogie und erzählen von der Fortsetzung von »Jäger des verlorenen Schatzes«.

Die Karriere des Stars verlief von nun an in konzentrischen Kreisen nach außen – er erreichte immer mehr Menschen mit seinen Filmen und wurde ein immer interessanterer Darsteller. Und wer dieses Gesicht über die Jahre aufmerksam verfolgt, spürt, in welchem Maß Harrison Ford gereift ist.

»Die Rückkehr der Jedi-Ritter« war der bislang aufwendigste Film, in dem Harrison Ford mitwirkte.

Das Imperium von George Lucas war immer weiter gewachsen und die wenigen Flops, die er sich bald darauf leisten sollte, waren noch nicht in Sicht. Alle neun Studiohallen von Elstree waren für »Jedi« belegt, und sowohl das Budget als auch die Anzahl der Tricks übertrafen alles, was die Film-Welt bis dahin gesehen hatte. Mit Milliarden im Hintergrund läßt sich gut klotzen, und das geschah denn auch mit dem dritten Teil der Sternensage: Die Love-Story zwischen dem wieder aufgetauten und geläuterten Helden Han Solo und der inzwischen zu einer Kurven-Prinzessin gereiften Leia wurde fortgesetzt und durfte gegen Schluß des Filmes so intim werden, daß wir uns an die Märchen-Floskel erinnert fühlen: »Und wenn sie nicht gestorben sind, dann leben sie noch heute« – vielleicht als Entschädigung dafür, daß zumindest diese Besetzung in einer neuen »Krieg der Sterne«-Episode nicht mehr gemeinsam vor die Kameras treten wird.

Zwischen Harrison Ford und seiner Film-Prinzessin hat sich über die Jahre durchaus eine private Freundschaft entwikkelt, obwohl, wie geschildert, anfänglich Differenzen bestanden. An seine manchmal eingebildet wirkende Art hat sie sich längst gewöhnt: »Ich respektiere Harrison, was ich wirklich nur von ganz wenigen Menschen sagen kann«, sagt die sensible Künstlerin Carrie Fisher heute. »Er ist belesen, ein nachdenklicher Typ. Als ich 20 war, sagte er mir, daß ich eines der nettesten Mädchen sei, die er je getroffen habe – ich kann Ihnen kaum erzählen, wie mich das aufgeregt hat.« Sie mag außerdem, daß er auch stürmisch werden kann, ohne seine milde Grundstimmung jemals ganz aufzugeben: »Manchmal darf man einfach nicht die falschen Klamotten anhaben, wenn man sich ihm nähert. Dann kriegt er dich nämlich. In solchen Momenten ist er wie ein Papa.«

Nachdenklich durfte er sich auch als Han Solo zeigen –

nicht nur Luke wird in »Jedi« zum Philosophen. Endlich nämlich wendet sich auch der forsche Han spirituellen Dingen zu und beginnt, einen Sinn im Glauben an die alles umspannende »Macht«, jene göttliche Metapher, die sich als Leitmotiv durch die Serie zieht, zu sehen: »Ich denke, daß es eine gute Idee war, dem Film etwas mehr Tiefe zu geben. Obwohl ich vielleicht Han hätte sterben lassen sollen. Er ist doch entbehrlich, so elternlos, geschichtslos. Doch George wollte wieder nicht.«

Ob Harrison Ford das wirklich ernst meinte? Oder sagte er es vielleicht nur in dem Moment, in dem er befürchtete, er müsse noch einmal als Solo antreten? Serienrollen nämlich haben auch ihre Nachteile. Manchmal bekommt man interessantere Rollen nur deswegen nicht angeboten, weil man auf ein spezielles Image festgelegt ist. Selbst die Rolle des »Blade Runner« hatte Ford mehr seinem Han-Solo- und Indiana-Jones-Image zu verdanken, weniger seinen tatsächlichen Ambitionen als Schauspieler.

»Anything Goes« hieß es denn auch im zweiten Teil der »Indiana Jones«-Serie, dem Film »Indiana Jones und der Tempel des Todes«, der von 1984 an vorbereitet wurde.

Mit einem Budget von 27 Millionen Dollar inszenierte Steven Spielberg ein weiteres Abenteuer des Kulthelden »Indy«, den es diesmal nach Indien verschlägt, und der mit einem kleinen Jungen als Begleiter wieder von einer brenzligen Situation in die nächste stolpert. Das Prinzip: Immer wenn die beiden sich gerettet glauben, sind sie in einer noch kniffligeren Situation – die echte Achterbahnfahrt mit Bergwerksloren bleibt diesmal nicht aus.

Die Dreharbeiten zu diesem Film mußten einmal für sechs Wochen unterbrochen werden, weil der Hauptdarsteller sich einen Rückenwirbel verstaucht hatte und in den USA ins Krankenhaus mußte, während die Crew in Indien auf ihn wartete: »Ich glaube, ich habe mich verletzt, als ich auf dem Elefanten ritt. Das war mein schrecklichstes Erlebnis während dieser ganzen Drehzeit.« Darstellerisch war der Film kein Höhepunkt in der Karriere von Harrison Ford, wie er selbst bekennt, denn »es ging einfach um etwas anderes«.

Der Serienheld hatte – und hat – Verpflichtungen zu erfüllen, denen er sich als Zugeständnis an seine Fans einfach nicht entziehen kann, doch die Filme, in denen der gelernte Schauspieler Harrison Ford zeigen kann, was er drauf hat, die gibt es auch.

Die perfekte
Phase

Nachdem »Jäger des verlorenen Schatzes« abgedreht war, galt für Harrison Ford der Grundsatz, nach Rollen mit einem hohen Qualitätsanspruch Ausschau zu halten. »Ich wollte Filme auf keinen Fall nach kommerziellen Gesichtspunkten auswählen und ich wollte unbedingt den Ratschlag befolgen, den Noel Coward einst David Lean mit auf den Weg gab: ›Tu was dir gefällt, und wenn es Leute gibt, die das nicht mögen, verschwinde aus dem Show-Geschäft‹.«

Das hat er beherzigt, als das Angebot zu »Blade Runner« kam, und er hatte dabei in dreifacher Hinsicht Glück: Zum einen war es ein Film, in dem er seine darstellerischen Fähigkeiten einbringen konnte, zum zweiten machte die Arbeit daran großen Spaß und drittens half er mit, an einem wunderbaren Stück Filmgeschichte mitzuschreiben. Nur der kommerzielle Erfolg des Films blieb im normalen Rahmen, zumindest im Vergleich zu den Blockbustern, in denen er bisher agiert hatte.

»Blade Runner« war die Verfilmung eines Romans des Science-Fiction-Autors Philip K. Dick, den dieser im Jahre 1968 veröffentlicht hatte. »Do Androids Dream of Electric

Der bis dahin meistgesehene Filmstar der Welt. Ford kurz vor den Dreharbeiten zu »Blade Runner«.

Sheep?« – »Träumen Androiden von elektrischen Schafen?«
– war gewissermaßen ein Zeitgeist-Roman, der zum Höhepunkt des amerikanischen Engagements in Vietnam geschrieben wurde.

Das Buch gilt als leidenschaftliche Untersuchung der emotionalen Sterilität großer Teile unserer Gesellschaft.

Bereits 1969 wollte Martin Scorsese das Werk verfilmen, aber erst im Jahre 1974 kam Philip K. Dick mit dem Mann in Kontakt, der schließlich den Stein ins Rollen brachte, mit dem Drehbuchautoren und späteren Exekutiv-Produzenten Hampton Fancher.

Fancher tat sich mit dem »Alien«-Regisseur Ridley Scott zusammen, und gemeinsam versuchte man den Stoff verfilmbar zu machen.

Wo Dicks Buch den Protagonisten Deckard als entmenschlichten Roboterjäger und die Androiden als Killer beschreibt, legte die Fassung der Filmemacher eine sanftere Gangart ein. Deckard sollte ein absolut menschlich agierender Held werden, und auch die Androiden, in der Welt der Zukunft Replikanten genannt, sollten Gefühle haben, physisch allerdings stärker sein als Menschen, schneller und in normalen intellektuellen Vorgängen auch klüger.

Andererseits wollten beide auch keinen völlig esoterischen Film drehen, kein abgehobenes Werk, in das schließlich nur ein kleines Grüppchen von New-Age-Denkern gehen würde – es sollte schon ein Werk sein, das künstlerischen und kommerziellen Ansprüchen gleichermaßen genügen würde. In Harrison Ford fand sich schließlich jene Ambivalenz von Deckards Charakter, nach der man suchte. »Ich wollte unbedingt einen Schauspieler, der zeigen kann, wie ungern er den Job als Replikantenkiller eigentlich macht«, sagte Dick. Den richtigen Darsteller dafür zu finden, war also eine der schwierigsten Aufgaben, denen sich der Autor, Scott und

Produzent Deeley gegenübersahen. Nachdem sie einige Zeit nach einem Typen Ausschau gehalten hatten, der wie ein 30jähriger Robert Mitchum aussah, gelangten sie zu der Überzeugung, daß es diesen Typen ja gab – Harrison Ford. Kaum ein Schauspieler wurde vom Publikum zu dieser Zeit so sehr akzeptiert wie er. Zusätzlich zu Fords »Bankability« kam das Gefühl, daß Ford bis dahin in seiner Kunst oft unterfordert gewesen war und jetzt eine Chance hatte, die ganze Bandbreite seines darstellerischen Spektrums zu entfalten. »Wir glaubten, daß Deckards merkwürdige Mixtur aus Gefühl und Hartgesottenheit eine wunderbare Chance für Harrison sein würde«, ergänzt Michael Deeley.

Und zur Freude aller Beteiligten stimmte der so Herausgeforderte schnell zu. »Die Geschichte hat ein psychologisch-dramatisches Moment, mit dem ich nie zuvor in anderen Filmen konfrontiert wurde«, meinte Ford in Interviews zu »Blade Runner«, »mit das Interessanteste an Rick Deckard ist für mich, daß der Mann gegen seine eigene Angst kämpft. Leute umlegen mag er nicht. Und obwohl er eigentlich ein guter Kerl ist, ist er ein widerwilliger Detektiv. Diese Ambivalenz ist eine der schönsten Facetten dieser Rolle. Außerdem wird er ziemlich oft verprügelt . . .« Na ja . . !

»Eine alte Geschichte mit neuen Ecken und Kanten«, kommentiert Ford diesen komplexen Charakter weiter, »eine Geschichte, wie sie Raymond Chandler schöner nicht hätte schreiben können«.

Deckard trägt sogar eine moderne Version des berühmten Trenchcoats, als er hinter mysteriösen Frauen und einem exzentrischen Genie herjagt und dabei seine mörderischen Feinde durch dunkle Straßen und Gassen und verfallene Häuser verfolgt. In der Tat – der Film wurde in den gleichen Studiohallen und Kulissen gedreht, in denen einst Humphrey Bogart in »Der Malteserfalke« und »Tote schlafen fest«

seine Zigaretten wegschnippte. Deckard ist also in mancher Hinsicht ein Nachfolger von Philip Marlowe und Sam Spade. Ford selbst, mit punkähnlichem Bürstenhaarschnitt, nennt Deckard einen »renitenten Bullen, der aussieht wie ein mittelalterlicher Elvis Costello, ein erfahrener Rechercheur, ein Experte seines Fachs, aber ein bißchen aus der Übung, als die Story beginnt. Die Kraft, die ihn einst trieb, ist in zu vielen Einsätzen verlorengegangen. Leute in den Ruhestand zu versetzen, wie der Zukunftsstaat das Liquidieren verniedlicht, ist etwas, das er gar nicht mag, und darüber hinaus kann er auch mit Autoritäten nicht allzu viel anfangen. Er ist hart, aber nicht hart genug für die am perfektesten konstruierte Replikantin ...« Der Anarchist mit kleinen Fehlern also ist ein Mann mit zwei Gesichtern, der irgendwann gezwungen wird, sich doch festzulegen.

Was veranlaßte ihn, überhaupt über dieses Projekt nachzudenken? »Es ist einfach so völlig anders als alles andere, das ich bisher gemacht habe«, antwortet er, »Krieg der Sterne« war eine Science-Fiction-Phantasie, das ist eine traditionelle Großstadt-Detektiv-Story, die in eine SF-Umgebung hineintransplantiert wurde. Es ist so real.«

Was meint der Autor Philip K. Dick selbst zur Wahl des Deckard-Darstellers? »Der sieht mehr nach Rick Deckard aus, als ich es mir jemals vorgestellt habe. Ich meine, das ist unglaublich. Es war mir fast unheimlich, als ich die ersten Bilder von Harrison als Deckard sah. Ich hatte den Eindruck, diese Figur, die existiert jetzt wirklich. Es gab eine Zeit, da hat er nicht existiert, und jetzt existiert er. Aber er ist nicht das Ergebnis der Anstrengung eines Einzelnen. Er ist das Resultat meiner Anstrengung, Hampton Fanchers Anstrengung, Ridley Scotts Anstrengung und hauptsächlich natürlich Harrisons Anstrengung. Und jetzt gibt es, auf eine unheimliche Art, den realen Charakter Rick Deckard.

Harrison Ford ist der »Blade Runner«.

Freunde von mir, die ebenfalls diese Szenen sahen, meinten, ob ich realisiert hätte, daß, wenn ich dieses Buch nicht geschrieben hätte, Harrison Ford nicht diese Krawatte oder diese Schuhe anhätte. Und ich sagte, daß das wahr sei. Und was für mich noch aufregender ist, ist die Tatsache, daß, wenn Harrison diese Rolle nicht gespielt hätte, Deckard niemals zur realen Person hätte werden können. Ford strahlt diese unglaubliche Realität aus, wenn man ihn beobachtet. Und in ihm eine Figur zu sehen, die ich einst geschaffen hatte, ist für mich wie eine übernatürliche Erfahrung.«

Was sagt der solcherart Gepriesene zu diesen Hymnen? »Letztendlich ist es der Schauspieler, der eine Rolle spielt und in den Film einbringt. Während der Job eines Regisseurs unglaublich komplex ist, gibt es auch Dinge, die niemals aufgelöst werden: Ob ein Teil des Zubehörs im Bild funktionieren könnte oder nicht, ob der Darsteller die Pistole hier hält oder da. Das sind Kleinigkeiten, die aber wichtig sind, wenn man mit einer bestimmten Einstellung auf etwas Bestimmtes hinaus will. Das Gesamtkonzept wird über die Details erreicht – und auch die Figur Deckard, die es zu spielen galt, setzt sich aus unzählig vielen Teilchen zusammen, bis der richtige Blickpunkt erreicht ist. Es gibt bestimmt 20 verschiedene Faktoren, die dazu beitragen müssen, daß eine Szene richtig funktioniert. Ridley verlangt von sich selbst, daß all diese Faktoren stimmen, und von jemandem anderen auch. Es ist keine leichte Aufgabe, aber es ist das, was ich mag. Ich liebe es, hart zu arbeiten für jemanden, der sich der Sache, die er macht, sicher ist. Ridley hatte eine unglaublich disziplinierte Art. Das galt für alles, auch zum Beispiel für die Architektur, die nicht so weltraum-mäßig entfernt ist von dem, was wir kennen. Wir können alles wiedererkennen, und das ist ein attraktiver Bestandteil dieses Films. Ich habe auch viel an meiner Rolle gearbeitet. Der Haarschnitt zum Beispiel war meine Idee. Ridley erinnerte sich an mich in ›Jäger des verlorenen Schatzes‹, aber für mich war wichtig, daß ich ganz anders aussah. Ich wollte nichts aus den anderen Filmen in diesen mitnehmen. Das kann man nicht machen. Deswegen hatte Deckard auch keinen Hut auf. Der Haarschnitt gab der Figur den Look, der sie von anderen Figuren unterschied.«

Einige Male übrigens geriet Ford mit seinem Regisseur richtig aneinander – über Detailfragen stritten sie sich, bis die Fetzen flogen. Ein Freund: »Es gab Momente, da dachte ich, Harrison bringt ihn um. Wir haben ihn nach Hause gebracht, und alles hat sich am nächsten Tag wieder beruhigt.«

Fords Kommentar zu Deckards Verhältnis zum anderen

Geschlecht: »Es ist klar, daß Deckard von Frauen nicht allzuviel hält. Er hat eine geschiedene Frau und ein Kind, die nach einem besseren Leben suchen. Er erkennt an, daß Rachael (die schöne Replikantin) attraktiv ist. Doch dann wird sie zum Rätsel für ihn, und er erkennt, daß sie eine Maschine ist. Von da an ist sie nicht mehr von Nutzen für ihn. Ihre Gefühlsausbrüche aber, auch wenn er weiß, daß sie falsch bzw. nur von Menschen einprogrammiert sind, treiben ihn in die Verzweiflung. Als er ihr näher kommt, ist er gezwungen, darüber nachzudenken, was wirklich um ihn herum passiert.«

Neben der psychologischen Komponente, die in diesem Film eine große Rolle für Harrison Ford spielte, gewann auch der rein physische Aspekt an Bedeutung: »Das war Schauspielen mit vollem Körpereinsatz, mit Stunts und Prügeleien« – Ford spielte praktisch alle Stunts selbst, rannte, kletterte, schlug, taumelte und fiel. Als er am Sims eines Hochhauses entlanghangelte, war er nur durch ein – im Film unsichtbares – Seil gesichert. Trotzdem weiß er, wo es auch für ihn zu schwierig wird: Als verlangt wurde, daß Deckard im Trenchcoat von einem Hochhaus-Dach aufs nächste springt, wurde der Ruf nach einem Stuntman laut: »Man muß seine Grenzen kennen«, grinste Ford.

Die größte Gefahr, die wirklich für ihn bestand, lag in der Kamera selbst. Bei einigen Aufnahmen, für die die Kamera direkt über Ford aufgestellt wurde, kam das Stativ der alten 50 Kilo schweren Mitchell 65mm-Optik so ins Schwanken, daß sie mit einem Spezialstativ neu ausgerichtet wurde.

Noch ein paar Worte zu Fords Garderobe in diesem Film. Die Kostümdesigner Charles Knode und Michael Kaplan kreierten futuristische Kostüme mit einem Hauch 40er Jahre. Die merkwürdig proportionierte Version eines Trenchcoats, ein zweiteiliger Seidenanzug mit vielen

Taschen und Hemden und Krawatten, die die Muster seiner Umgebung widerspiegeln, sind so geschneidert, wie man sich den Action-Detektiv der Zukunft ausmalte.

Die Kritiker überschütteten den Film mit Lobeshymnen und feierten besonders den visuellen Stil und die Leistung des Hauptdarstellers. In Europa wurde »Blade Runner« zum Kultfilm, in den USA hingegen entwickelte sich erst langsam ein Mythos um den Streifen. Auf lange Sicht hat er seinen Produzenten schließlich doch noch Geld eingebracht, auch aufgrund der Video- und Kabelfernseh-Auswertung.

Harrison Ford kommentierte die Brisanz dieses Films, der von vielen Science-Fiction-Fans der beste seines Genres genannt wird: »Ich will nicht mit Steinen werfen, aber . . . ich denke, einem Großteil des Publikums fehlt der emotionale Kontext des Films, speziell mit Deckard konnten sie sich nicht recht anfreunden. Doch darüber sollten wir jetzt nicht reden, denn das sitzt tief. Außerdem ist es vorbei«.

Ein bißchen verbittert klingt das schon, was Ford da sagt, aber er hat recht. Vielen Menschen fehlte die Identifikationsfigur in dem Film, und sie vermißten Momente der Wärme. Doch das ist es, was »Blade Runner« historisch so bedeutend macht. Ein Roboter, der fragt: »Woher komme ich? Wohin gehe ich? Wieviel Zeit bleibt mir?« und dann ausführt: »Ich habe Dinge gesehen, die Ihr Menschen niemals glauben würdet«, war Anfang der 80er Jahre, als es noch so gut wie keine Computer-Kids gab, noch nicht en vogue. Wenn Bio-Chips, Gen-Technologie und totale Medien-Überwachung im gleichen Tempo wie bisher weiterentwickelt werden, wird die Figur Deckard, die Philip K. Dick erfunden hat, vielleicht wirklich einmal gebraucht. . . .

Nicht nur als Schauspieler fand Harrison Ford in den Jahren ab 1982 Erfüllung, auch privat hat sich wieder etwas: Durch seine Freunde Coppola und Spielberg lernte er die Drehbuchautorin Melissa Mathison kennen, die zu dieser Zeit das Drehbuch für »Der schwarze Hengst« geschrieben hatte. Melissa besuchte Harrison öfter am Drehort von »Jäger des verlorenen Schatzes« und freundete sich dort mit Kathleen Kennedy, Spielbergs Co-Produzentin, an. Als Spielberg jemanden suchte, der ihm das Drehbuch zu dem Film »E. T.« schreiben sollte, schlug Kathleen Melissa vor. Nach anfänglichem Sträuben schrieb Melissa das Buch, und Spielberg sollte später sagen: »Das war die beste erste Drehbuchfassung, die ich je gelesen hatte.«

Daß Harrison Ford nicht auch noch in »E. T. – Der Außerirdische«, dem erfolgreichsten Film aller Zeiten, auftauchte, war reiner Zufall: Sowohl Melissa als auch Harrison sollten als Lehrer in der Szene mitwirken, in der der kleine Elliott betrunken in der Schule herumtorkelt. Doch wie sich herausstellte, war Melissa derart kamerascheu, daß die beiden kurzen Szenen, die man gedreht hatte, kurzerhand herausgenommen werden mußten. Trotzdem, für alle Fans sei es hier wiederholt: Mitgespielt hat er!

Auf die Frage, ob er und Melissa nicht irgendwann ein größeres gemeinsames Projekt miteinander realisieren wollen, bzw. ob Melissa ihm nicht einmal ein Drehbuch »auf den Leib schneidern« könne, antwortete Ford zu dieser Zeit: »Ich habe nicht den geringsten Wunsch danach, daß irgendjemand Filme für mich schreibt, und ich will auch nicht meine eigenen Projekte produzieren. Ich ziehe es vor, an etwas zu arbeiten, das bereits ein Eigenleben hat, das bereits entwickelt ist, wo ich meinen persönlichen Beitrag sozusagen nur hinzufügen muß. Auf diese Weise kommen wir weiter.«

Ovationen für einen stillen Star

Während der Dreharbeiten zu »Indiana Jones und der Tempel des Todes« erhielt Harrison Ford stapelweise Drehbücher auf den Schreibtisch. Nachdem zu seiner Popularität auch noch das künstlerische Renommee von »Blade Runner« gekommen war, erweiterte sich das Spektrum der Rollen, die ihm angeboten wurden, erheblich. Action um der Action willen sollte es aber nicht sein, auch die reinen jugend-orientierten Filme, wie sie zum Beispiel John Hughes drehte, mochte er nicht: »Ich wartete ernsthaft auf ein ehrgeiziges Projekt, eins, das mehr zu sagen hat als Ha-Ha.« Und er fügte hinzu: »Ich wähle einen Part aus, weil ich hoffe, daß der Film selbst die Kommunikation sein wird. Nur in einem solchen Kontext fühle ich mich wohl. Film ist eine kommunikative Herausforderung. Da ist etwas, das man ausdrücken will, und man muß es so sagen, daß es einen ganzen Film wert ist. Wenn man nichts zu sagen hat, sollte man es lassen.«

Eines der Drehbücher, die er zu dieser Zeit erhielt, war von den Fernseh-Autoren Earl Wallace und William Kelley geschrieben. Es trug den Titel »Witness« (übersetzt: »Zeuge«, deutscher Verleihtitel: »Der einzige Zeuge«). Der Filmproduzent Edward S. Feldman hatte das Drehbuch bei dem Autoren-Team entdeckt und an Ford weitergereicht.

»Man schaut immer nach guten Stories aus, die nicht schon hundertmal zuvor abgefeiert wurden«, erinnert sich Feldman, »›Der einzige Zeuge‹ war eine solche Story. Ein Film, der etwas zu sagen hat.«

Feldman, der nicht nur das Buch entdeckte, sondern auch aktiv in den Entstehungsprozeß des Films eingriff, betrachtete seine Mitwirkung an dem Projekt nicht einmal als Arbeit: »Arbeiten wollte ich schon als Kind in der Filmindustrie«.

Er war nach dem Studium in der Presseabteilung von 20th Century Fox gelandet, von wo aus er den Sprung in die Produktion schaffte. »Man geht nach dem Instinkt«, erklärt er seine Arbeitsweise, »und arbeitet mit Extremen, weil die Filme so teuer sind. Wenn man irgendwo falsch liegt, kann es zur Katastrophe kommen.«

Der Film, der Ford eine Oscar-Nominierung einbrachte: »Der einzige Zeuge«. Der Star hier am Drehort mit Regisseur Peter Weir und Hauptdarstellerin Kelly McGillis.

Diesmal jedoch lag er goldrichtig mit der Wahl des Buches und der Idee, es an den Richtigen weiterzugeben. Ford: »Das war ein Filmdrehbuch, das ich zu 90 % gut fand, zu einem viel höheren Prozentsatz gut als alle anderen Drehbücher, die ich bekomme. Aber ich spürte sofort, daß man dieses Buch nur mit einem sehr guten Regisseur verfilmen konnte, damit es noch besser würde; die Wahrscheinlichkeit, daß die Story in der Umsetzung von ihrer Substanz verlieren würde, war ungleich größer.«

So stellte Harrison Ford zum erstenmal in seinem Leben selbst eine Liste von Wunsch-Regisseuren auf, mit denen er gern zusammenarbeiten würde.

Doch zunächst führte Fords Engagement nur zu einem Vertrag mit dem Studio Paramount – wenn ein Regisseur gefunden werden würde, der allen genehm war, sollte der Film Realität werden.

Peter Weir war der erste Name auf der Regie-Liste. Der Australier, der zuvor so großartig sensible Filme wie »Picknick am Valentinstag«, »Gallipoli« und »Ein Jahr in der Hölle« gedreht hatte, erschien Ford als hervorragende Wahl – denn »Der einzige Zeuge« war wie Weirs vorhergehende Arbeiten ein Thema, das einen ganz anderen Weg einschlug als die Spezialeffekt-Orgien oder die gängigen kommerziellen Kino-Stories.

»Harrison und ich spürten, daß Weir dem Film eine ursprüngliche Komponente geben konnte«, erinnert sich Feldman. »Nicht-Amerikaner können amerikanische Geschichten oft ausgesprochen erfrischend erzählen.«

Ein Handicap gab es – Peter Weir war gerade dabei, einen anderen Film mit dem Titel »Mosquito Coast« vorzubereiten, und von daher nicht disponibel. Doch Feldman und Ford hatten »Glück«: die Finanzierung von »Mosquito Coast«, einer von einem Großstudio unabhängigen Produktion, zog

sich so lange hin, daß der Australier zuerst »Der einzige
Zeuge« drehen konnte. Für Ford sollte diese Verzögerung
von doppeltem Nutzen sein: Wie bekannt, führte die erste
Zusammenarbeit zwischen ihm und Weir später dazu, daß
er auch die Hauptrolle in »Mosquito Coast« spielte.
Jetzt allerdings mußte alles ganz schnell gehen – für Weir,
der gewohnt war, jeden Film zwei Jahre lang vorzubereiten,
eine ganz neue Erfahrung. Nur sieben Wochen lagen nämlich zwischen seiner Unterschrift unter den Vertrag und
dem Beginn der Dreharbeiten. Der Regisseur hatte sich
entschlossen, das Projekt zu übernehmen, weil es »einzigartiges dramatisches Potential« hatte; »die Möglichkeit, eine
Menschengruppe zu beobachten, die heute noch genauso
lebt wie vor zweihundert Jahren, wäre bestimmt nicht
wiedergekommen«.
Peter Weir wußte von Anfang an, daß Harrison Ford nicht
nur die verschiedenen Facetten des Polizisten John Book
hervorragend würde darstellen können, sondern auch »einer
der drei oder vier Darsteller ist, die eine Hauptrolle mit
wirklich allen Qualitäten ausfüllen können, die die Kinoleinwand liebt«.
»Es war fantastisch zu beobachten, wie Harrison sein Spektrum erweitern wollte«, erzählt Weir vom ersten Treffen mit
Ford, »dann ging es darum, wie wir beide persönlich miteinander auskommen würden. Das klappte auf Anhieb hervorragend, weil wir ähnlich über das Projekt dachten.«
Wie jedes andere Drehbuch wurde auch dieses geändert,
interessant daran war nur, daß in diesem Fall der Hauptdarsteller Grundlegendes mit einbrachte. Zum Beispiel setzte
er durch, daß John Book ein besserer Zimmermann ist als
sein »Rivale« bei den Amish, der von dem russischen Tänzer
Alexander Godunov gespielt wird.
»Wir haben meine persönliche Vergangenheit eingebaut«,

freut sich Ford, der ja schon lange davon überzeugt war, daß Schauspielerei und das Schreinerhandwerk nicht allzuweit auseinanderliegen, und er wiederholt: »Es ist eine ganz simple Analogie: Man braucht für beides einen logischen Plan. Den muß man von Grund auf weiterentwickeln. Das Ganze muß ein gesundes Fundament haben. Dann wird jeder Schritt Teil des logischen Prozesses.«

Es war schnell klar, daß sowohl für Ford als auch für Weir Qualität das oberste Gebot während der neun Wochen dauernden Dreharbeiten war. »Das hätte ein hübsches kleines Fernseh-Filmchen der Woche werden können und mehr nicht. Wir hätten schneller fertig werden können«, erklärt Weir, und sein Protagonist stimmt zu: »Ich wollte zu keiner Sekunde in einem anderen Polizisten-Krimi spielen. Ich hatte einen Riesenrespekt vor diesem Drehbuch. Dieser Film hat so viele Elemente, doch in erster Linie ist es einfach eine Gelegenheit, eine Erfahrung zu machen, die man wirklich nur im Kino machen kann, nicht irgendwo im Fernsehen. Peter Weir hat das voll ausgenützt.« Um ein großes Lob für den Film vorwegzunehmen: Die fantastische Kinematographie des Kameramanns John Seale gehört zu den ganz großen Highlights dieses Werks.

Im April 1984 begannen die Dreharbeiten, auf die Harrison Ford sich wochenlang intensiv vorbereitete. Zunächst verbrachte er zwei Wochen in einer Polizeistation in Philadelphia, wo ihn ein echter Polizist »anlernte«. Er fuhr in mehreren Einsätzen der Mordkommission mit, um sich ein realistisches Bild von der Polizeiarbeit dort zu machen. Dann bereitete er sich ebenso wie seine Filmpartnerin Kelly McGillis (sie kam auf Empfehlung von Ford zu dieser Rolle) wochenlang auf das Leben in einer Amish-Familie vor, um deren Tagesabläufe kennenzulernen (Kelly McGillis lebte sogar einige Tage mit Amish-Leuten zusammen).

Alle Szenen des Films wurden an Originalschauplätzen in Philadelphia und in der ländlichen Gegend um Lancaster, Pennsylvania, gedreht, wo die Amish leben. Echte Amish spielten in dem Film nicht mit, weil ihr Glaube es ihnen nicht gestattet, sich fotografieren zu lassen. »Zu keiner Zeit erwarteten wir ihre Kooperation«, erzählt Produzent Feldman, »sie interessieren sich nicht für uns und wir entschieden uns, Abstand zu halten und auf jeden Fall ihre Wünsche zu achten.« Ein ehemaliger Amish beriet die Filmcrew in punkto Garderobe (die Amish lehnen z. B. Knöpfe ab). »Natürlich wollten wir auch zeigen, wie eine solche Religion in der Fastfood-Kultur zurechtkommt«, erzählt Feldman. »Sie haben den inneren Frieden gefunden, der den meisten von uns anderen fehlt.«

Einige der Amish in der Gegend unterstützten die Dreharbeiten, andere wiederum sahen nur neugierig aus der Ferne zu. Harrison Ford mochte nicht verhehlen, daß ihm der Lebensstil dieser Menschen nahelag: »Ja, es ist wahr: Ich mag nichts lieber als ein bißchen Ruhe und Frieden. Ich lebe schließlich die Hälfte eines jeden Jahres mit Melissa auf meiner einsamen Ranch in den Bergen. Es ist so weit weg von allem, daß ich sogar die Straße dorthin selbst gebaut habe. Ich repariere die Zäune und pflüge die Äcker. Das mag merkwürdig klingen, aber nach drei Monaten Filmarbeit brauche ich diesen Gegensatz zur Realität in Los Angeles. Zu den Amish fühle ich eine Affinität, aber die hat Grenzen, weil ich nicht allem folgen kann, was sie predigen. An einen solch extremen Pazifismus kann ich einfach nicht glauben. Der ist nur in dieser totalen Isolation möglich, wie die Amish sie sich geschaffen haben.«

Die Amish erinnerten Ford und seinen Regisseur daran, wie wenige Jahre es erst her ist, daß Amerika von weißen Siedlern erobert wurde – die Amerikaner werden von ihnen als »Engländer« bezeichnet. Auch wenn das Filmteam die Amish in jeder Hinsicht respektierte, hatten die Amish Angst, ihren Status der Unantastbarkeit durch diese Popularität zu verlieren. »Weil wir Leuten, die bei uns eindringen, vergeben, sind wir wohl gefährdet«, sagte einer von ihnen. Doch die Menschen sind gnädig, denn sie vergessen – nachdem der Film seine künstlerischen und kommerziellen Aufgaben erfüllt hatte, waren auch die Amish wieder aus dem Blickpunkt der amerikanischen Öffentlichkeit verschwunden und wurden in ihrem Frieden nicht länger gestört.

Einer der wichtigsten Gründe, warum der Film so rund, so stimmig und aus der Sicht vieler so hervorragend geworden ist, ist die phantastische Zusammenarbeit zwischen Ford und dem Regisseur Peter Weir.

Zwei mitunter verschrobene Einzelkämpfer hatten sich da zu einer Gemeinschaft verschworen, wie sie sie vorher nicht gekannt hatten. Ford: »Wir wußten schnell, daß wir wieder zusammenarbeiten würden«. Und: »Ich will nicht die Filme meiner Vergangenheit beweinen, aber ich denke, das war die komplizierteste Rolle, die ich seit langem gespielt habe. Und das war eine Rolle nur für Erwachsene.«

Ähnlich sieht es Weir: »Wir haben mit Leidenschaft an dem Film gearbeitet. Ich hoffe, das Publikum wird diese Leidenschaft teilen.«

Das war allerdings der Fall. Sowohl die Kritiken als auch das Publikum lobten den Film. Das einflußreiche Showblatt »Variety« schwang sich nach der ersten Vorführung des Films zu folgender, bemerkenswerter Überschrift auf: »›Der einzige Zeuge‹ zeigt den Zuschauern ein Funkeln von Fords Schauspiel-Talent.«

Auch wenn es nach Understatement klingt – das war das beste Kompliment, das man einem Darsteller machen konnte, der bisher nur in »Kinderfilmen« mitgespielt hatte (»Blade Runner« wurde von vielen mangels Zuschauerinteresse gar nicht gerechnet). Der Artikel, der auch die damals noch unbekannte Kelly McGillis (›Variety‹ schrieb dauernd ihren Namen falsch – McGinnis) sehr lobt, bewundert die »überzeugende« und überragende Leistung Fords. Besonders der Aspekt, daß Ford nunmehr für »Erwachsene« spiele, kam in unzähligen Kritiken zum Ausdruck und kennzeichnete eindeutig den Durchbruch auch nach außen zum ernsthaften, künstlerischen Schauspieler, dem hierfür eine der höchsten Weihen zuteil wurde, die es für Angehörige dieses Berufsstandes gibt: Er wurde 1985 für den Oscar nominiert. Der Film erhielt insgesamt acht Nominationen, war aber gegen »Jenseits von Afrika« und »Kuß der Spinnenfrau« nur in der Sparte Drehbuch erfolgreich.

Solche Auszeichnungen wirken sich nachhaltig auch auf Fords Selbstvertrauen aus, denn zum erstenmal überhaupt stellt er sich nach einem Film zu längeren Gesprächen der Presse. Der scheue Journalistenschreck wird zugänglich und läßt sogar den Korrespondenten der deutschen Filmzeitschrift »cinema« an sich heran, um den »Jupiter« als populärster Darsteller in Deutschland anzunehmen, auch wenn er weiß, daß ihm diese Auszeichnung noch nicht für »Der einzige Zeuge« verliehen wird, sondern für seine älteren Filme, die ihm heute nicht mehr so liegen. Die »cinema«-Reporter jedoch kennt er – drei Jahre vorher durfte ihn einer sogar in seinem damaligen Haus in Hollywood besuchen, um ihm den ersten »Jupiter« für »Jäger des verlorenen Schatzes« zu übergeben. Schon damals fühlte er sich angesichts des Journalistenbesuches nicht sehr wohl, Steven Spielberg zuliebe hatte er dann aber doch zugestimmt.

Bei den Preisübergaben erzählt er auch, was sehr selten vorkommt, aus seinem Privatleben, von seiner Ranch in den

Bergen und vom Preis, den er für das Leben als Superstar zahlen muß. Seine Liebe zur Natur und seine Privatsphäre sind ihm die wichtigsten Dinge im Leben, und nur aus vielen Äußerungen von ihm und von anderen Menschen ergibt sich ein Gesamtbild von Harrison Ford – wie richtig oder wie falsch das ist, soll jeder Fan selbst entscheiden.

Ein Viertel des Jahres (früher, so sagte er einem Reporter von »Premiere«, war es ein halbes Jahr) verbringt er in Los Angeles bei seinen beiden Söhnen aus erster Ehe, die inzwischen erwachsen sind und »ganz normal«, den Rest der Zeit lebt er, wenn er nicht gerade dreht, auf seiner neuen Ranch, die er dann wochenlang nicht verläßt. Das zweistöckige Gebäude dieser Ranch – selbst wenn wir wüßten, wo sie liegt, würden wir es nicht verraten – hat er selbst entworfen und zu einem nicht unerheblichen Teil selbst gebaut. »Ein Refugium für Tiere und Menschen« hat Ford sein Reich gegenüber »Premiere« genannt – ein riesiges Areal, in dem Hirsche und Elche friedlich umherstreifen. Den Wald in der Nähe will er erhalten.

In die nahegelegene Stadt fährt er nur, wenn es unbedingt sein muß, das heißt, wenn er Baumaterial oder andere Dinge zum Leben braucht oder sich mit Menschen trifft, die nicht zum ganz engen Freundeskreis gehören: »Sie dürfen nicht hinter die Kulissen meines Privatlebens schauen«, erklärt er Reportern freundlich, aber bestimmt, »und daher dürfen Sie nicht auf meine Ranch kommen. Meine Frau und ich brauchen diesen privaten Ort für uns«. Die meisten Journalisten respektieren dieses Refugium inzwischen. Die Menschen der Gegend haben sich an den prominenten Nachbarn gewöhnt und spüren, daß es diese Nische in seinem Leben gibt, in der er nicht der weltberühmte Filmstar Harrison Ford sein will, sondern der naturverbundene, bodenständige Handwerker, dem Familie und Privates über alles gehen.

Gleichgewicht mit der Familie

Manche Leute aus dem Filmbusiness und natürlich eine Reihe seiner Fans werfen Harrison Ford politisches Desinteresse und mangelnde Kooperationsbereitschaft vor, wenn es darum geht, die Popularität zur Durchsetzung bestimmter Aufgaben einzusetzen. Sie haben das Gefühl, daß er sich entweder vor Verantwortung drückt oder einfach die Flucht vor allem, das ihm nicht gefällt, ergreift.

Dabei ist es keine Flucht vor Amerika, wenn er sich auf seine Ranch zurückzieht, kein Weglaufen vor der Gewalttätigkeit, vor der Verdummung und vor Drogen: »Ich habe Los Angeles ja nicht verlassen. Ich brauche nur viel Natur und die Möglichkeit, mit meinen eigenen Händen Dinge zu formen. Wenn ich mit den Leuten hier Zäune aufstelle oder den Schneepflug über die Hänge schiebe, fühle ich mich besser als Indiana Jones.« Und: »Nur, weil ich bekannt bin, muß ich nicht dauernd jedem erzählen, was ich mache, wofür ich Geld bezahle und wen ich vielleicht rette.«

An dieser Stelle gibt es keinen Zweifel: Harrison Ford gehört nicht nur zu den ehrlichsten, sondern auch zu den integersten Vertretern seiner Zunft. Wieviele Stars mißbrauchen förmlich ihren guten Namen, um sich mit Federn zu schmücken, die letztendlich doch nur der persönlichen Eitelkeit schmeicheln?

Ford ist nicht eitel; er war zu keiner Zeit – und das will besonders viel bedeuten – publicitysüchtig, er wollte immer nur seine Aufgabe zur eigenen und zur Zufriedenheit der Zuschauer erfüllen und darüber hinaus ein Privatmann sein, der genau so unbehelligt wie Mr. Nobody durch eine Stadt ziehen kann, ohne daß er ständig von Fotografen belästigt wird. So haben selbst die schreibenden Journalisten dafür Verständnis, daß er Paparazzi, die ihm, seiner Frau und seinen Kindern auflauern, um ein Privat-Foto zu ergattern, auch mal »den Mittelfinger zeigt« und hastig weiterzieht.

Seine zweite Ehe mit Melissa wird in Hollywood »als eine der glücklichsten Ehen unter Filmleuten überhaupt« beschrieben, und seit Söhnchen Malcolm im Januar 1987 geboren wurde, ist er noch mehr überzeugt, daß er mit den Aufgaben, die er sich beruflich und privat gestellt hat, auf dem richtigen Weg ist.

Ein Wort zum Materiellen: Ford ist natürlich für unsere Verhältnisse unermeßlich reich – »wie reich geht verdammt noch mal niemanden etwas an«, (Insider schätzen sein Vermögen höher als das von Top-Verdienern wie Eddie Murphy oder Sylvester Stallone) – aber er versucht immer, sich mit seinen persönlichen materiellen Ansprüchen an die jeweilige Umgebung anzupassen.

Auf der Ranch gibt es Pferde und einen Geländewagen, in Los Angeles fährt er einen Porsche und wenn er am Meer ist, dann verbringt er auch schon einmal einige Zeit auf seiner Yacht. Er kann sich Luxus leisten, lebt aber nicht um des Luxus willen. Hollywood-Parties und die verschwenderische Zurschaustellung von Wohlstand sind ihm ein Graus. Er möchte sein Leben mit noch mehr Kindern unbehelligt vom Medienrummel führen und erwartet, daß die Öffentlichkeit sich nur für das interessiert, was mit seiner Arbeit als Schauspieler zusammenhängt. Das ist verständlich und wird respektiert – einer der Gründe, warum dieses Buch das Privatleben des Schauspielers nur am Rande streift.

Die Flucht vor Amerika, vor den Menschen, die dort leben, und vor Dummheit und Gewalt hat er schon einmal angetreten, allerdings – wie sollte es anders sein – im Film, in seiner zweiten Zusammenarbeit mit Peter Weir, in »Mosquito Coast«.

Der Schriftsteller Paul Theroux erdachte die Geschichte von Allie Fox, der einen gewaltigen Traum in die Tat umsetzt und, weil er Fernsehen, Umweltverschmutzung, falschen Evangelismus und Kriminalität satt hat, mitsamt Frau und vier Kindern einen Frachter zur »Mosquito Coast« besteigt.

Die erneute Team-Arbeit zwischen Peter Weir und Ford gab beiden Künstlern nach dem für acht Oscars nominierten Film »Der einzige Zeuge« Gelegenheit, ihre enormen Talente ein weiteres Mal miteinander zu kombinieren. Und erneut sollten die Fans von Harrison Ford ihren Star völlig anders erleben, erstmals sollte er eine Rolle spielen, die nicht alle Sympathien automatisch auf sich zieht, eine Figur verkörpern, die die Identifikation zumindest erschwert.

»Mosquito Coast« hat eine komplizierte Entstehungsgeschichte, die es aber wert ist, in einem Buch über den Hauptdarsteller kurz erzählt zu werden: Der Produzent Jerome Hellman (»Coming Home«) hatte schon 1982 Theroux' Roman gelesen und rasch die Rechte an dem Werk erworben. »Doch ich wußte, an diesem Stoff durften nicht die falschen Leute arbeiten«, sagt er heute. Er engagierte Paul Schrader, den genialen Autor (»Taxi Driver«) und späteren Regisseur (»Mishima«), ein Script zu schreiben, und nahm Kontakt zu Peter Weir auf. »Peter harmonierte sofort mit dem Stoff, und ich war von seinem Humanismus begeistert, weil der nicht den oft üblichen zynischen Unterton hat«, entsinnt sich der Produzent.

Ford als Zivilisationskritiker Fox in Peter Weirs »Mosquito Coast«.

Hellman, Weir und Theroux trafen sich bereits 1983, um alles zu besprechen und Gegensätze auszuräumen. »Der Schlüssel zu Allie ist, daß der Mann so viele Persönlichkeiten hat. Mal brüllt er hysterisch herum, dann wieder ist er ungeheuer schüchtern, mal ist er feige und dann wieder zeigt er einen irren Mut«, schrieb der Autor einmal an Weir. Zu dieser Zeit war übrigens Jack Nicholson für die Rolle des Allie Fox im Gespräch. Dann folgten zwei deprimierende Jahre für das Team, denn alle Studios, denen man das

Projekt vorgelegt hatte, waren im Umbruch, und die Finanzierung kam nicht recht voran. Schließlich erhielt Weir das Angebot für »Der einzige Zeuge«, den Film, den er dann sehr schnell realisierte und der ihm den Kontakt zu »seinem« Allie Fox bringen sollte: »Harrison hat ein Talent, das sich nicht lernen läßt. Zusammen mit seinen technischen Fähigkeiten, die er in den vergangenen Jahren erworben hat, ist er ein extrem starker Charakter«.

Es gab keine Diskussion zwischen Produzent und Regisseur: Ford war Allie Fox. Der Mime selbst, wieder einmal dem Type-Casting-Netz, das ihn so gern auf einen Rollentyp festgelegt hätte, entkommen, fühlte sich schnell zu der Rolle hingezogen. »Ich habe keine Probleme, etwas darzustellen, das ich kenne«, erklärt Ford. »Also konnte das kein schwierigerer Job werden als das, was ich vorher gemacht hatte. Andererseits gab die Rolle auch Gelegenheit für komplizierteres Spiel, die Figur widersprach so total allem, was ich bisher kennengelernt habe und wofür man mich kennt. Das machte den Part aber nur noch interessanter für mich: Etwas Neues!«

So wie im »Blade Runner« der Bürstenhaarschnitt den »neuen« Ford symbolisierte, so war es in »Mosquito Coast« eine Nickelbrille. . . .

Als »Der einzige Zeuge« ein Erfolg wurde, wollten plötzlich fast alle Studios wieder »Mosquito Coast« machen, doch gerade jetzt war Hellman überzeugt davon, daß dieses Projekt am besten unabhängig von einem Großstudio finanziert werden solle. Er traf sich mit dem Produzenten Saul Zaentz, der Jahre zuvor für seine Produktion »Einer flog über das Kuckucksnest« mit dem Oscar ausgezeichnet worden war, um ihn um Rat zu fragen. Zaentz bat darum, das Drehbuch lesen zu dürfen, und nachdem er das getan hatte, bot er augenblicklich an, das nötige Geld zu besorgen (rund

19 Millionen Dollar), zu produzieren, zu repräsentieren und schließlich auch den Verleih zu überwachen. »Da gab es für mich nichts mehr zu überlegen«, sagte Hellman, »in nur einem einzigen Tag hatten wir alle Verträge abgeschlossen und begannen mit der Arbeit.«

Helen Mirren wurde als Ehefrau von Allie Fox verpflichtet, River Phoenix als Sohn von Allie (»Der sieht doch aus wie ein Sohn von Harrison«, rief Weir begeistert aus, als er ihn traf), und drei weitere Kinder spielten die anderen Sprößlinge.

Hellman und Weir hatten Jahre zuvor bereits in der Karibik nach Drehorten gesucht und Belize gefunden, eine kleine Insel südlich von Yucatan; dort sollte »Mosquito Coast« entstehen. »Die Crew von Norman Jewisons Film ›Die Hunde des Krieges‹ hatte dort gedreht und das Terrain als optimal empfohlen.«

Mit einem großen Team von Produktionsdesignern und Handwerkern wurde alles so aufgebaut, als hätte wirklich Allie Fox es getan – das Team filmte immer den Konstrukteuren der verschiedenen Bauten hinterher, das heißt, immer wenn ein Set fertig war, rückten auch schon die Kameras an ... Für den visuellen Stil von »Mosquito Coast« zeichnete der Weir-Vertraute John Seale verantwortlich, der versuchte, jeden Glamour und jedes falsche Bild wegzulassen. »Dschungel haben etwas Bedrohliches«, sagt er, »und so haben wir sie gefilmt: dunkel, gruftig und unwegsam. Das ist nicht offen, hell und per Liane zu durchqueren, wie bei Tarzan.«

Es wurde viel Wert darauf gelegt, keine glatte Abenteuer-Geschichte zu erzählen, sondern wirklich die Story eines »anderen Helden«. Harrison Ford über Allie Fox: »Ein starker, mächtiger Typ. Ich wollte so weit wie möglich an physische Grenzen gehen, und weit über die Grenzen unserer Zivilisation hinaus.« Das hat er getan, so gründlich, daß selbst sein Partner River Phoenix, ein Fan von »Indy« und »Han Solo«, meinte: »Harrison ist wirklich mutig. Ich glaube, mit dieser Darstellung wird er eine Menge Leute richtig schockieren.«

Der Schauspieler bestätigt das: »So sehr wie ich Roman und Drehbuch mochte, so anders wurde doch alles, als ich wirklich Allie Fox war. Es war ... lustiger ... emotionaler ... einfach komplex, genau wie der Film keine lineare und komplexe Geschichte erzählt.« Der Schauspieler, der sich selbst als ›technischen‹ Akteur bezeichnet, der sich ›logisch‹ in seine Rollen hineindenkt, war auch in der praktischen Arbeit am Set die ideale Ergänzung zu seinem Regisseur: »Ich unterstütze ihn mit Ideen, und er unterstützt mich. Von diesem Austausch profitieren wir beide. Ich sehe auch zu, daß bei einer solchen Geschichte alle Karten auf den Tisch kommen. Ich bin der Assistenz-Erzähler.«

Und er versucht auch zu erklären, warum sich Allie Fox nicht mit dem alltäglichen Amerika identifizieren kann: »Er revoltiert gegen das Mittelmaß und die Verweichlichung seiner Mitbürger. Er erklärt, warum er das, was als ›american way of life‹ dargestellt wird, ablehnt. Er repräsentiert eine andere Version des ›american dream‹. Dort im Dschungel ist er Herr über seine Ideale. Doch ironischerweise kreiert er das, wogegen er sich in Amerika aufgelehnt hat, in seinem eigenen Reich aufs neue.«

In Fernsehinterviews versucht Ford, den komplizierten Charakter des Allie Fox detailliert zu beschreiben und auf sich selbst zu beziehen: »Ich finde es nicht schwer, mich mit Allies Kritik an Amerika und an der Religion zu identifizieren. Zwischen mir und ihm gibt es allerdings einen graduellen Unterschied. Er lehnt das System total ab. Daraus resultiert für ihn die Verantwortung, sich neue Systeme zu

Ford erläutert im Interview, wie er seine Rollen aufbaut.

schaffen. Doch diese Systeme sind eben keinen Deut besser als die, denen er sich bislang verweigert hat. Ich hatte Sympathien für den Mann, und weil er nicht anders konnte, ist er für mich eine tragische Figur. Seine großartige Imagination führt ihn zu einem übermächtigen Ego und hin zu den Fehlern, die übermächtige Egos eben machen. Er liebt seine Familie und braucht sie verzweifelt. Aber er stellt zu große Erwartungen an die Liebe: Er erwartet, daß Liebe alles verändern kann.«

In Theroux' Buch ist Allie Fox von Anfang an ein zwar kluger, aber letztendlich widerlicher, beinahe psychopathischer Tyrann. Im Film wirkt er so gebrochen, wie Ford ihn in seiner Schilderung dargestellt hat, und dennoch – als Identifikationsfigur mag man ihn akzeptieren, und als er zum traurigen Schluß stirbt, fühlt man auch Erleichterung wegen seiner Familie, die ihn zwar liebt, sich aber lange nur widerwillig in seine Träume hat hineinziehen lassen. »Wir haben auf jeden Fall versucht, ihm etwas Sympathie zu bewahren«, meinen Weir und Ford unisono. Und Ford: »Die Story macht für mich klar, daß dieser Typ ethische Prinzipien mit Füßen getreten hat. Und dafür muß er bezahlen.«

Über den realistischen Aspekt von »Mosquito Coast« sagt Harrison Ford: »Der Film richtet keine Botschaft an die Zuschauer, aber viele Familien gehen durch ihn mit ihren Kindern an einen fremden Ort. Menschen, denen es an Einbildungskraft fehlt, wird es schwerfallen, sich so eine Geschichte vorzustellen. Ich will nicht behaupten, daß es so extrem ist, wie wir es zeigen, aber der Realitätsaspekt liegt auf der Hand.«

Der Film war – erwartungsgemäß – kein Blockbuster wie Fords Serienfilme oder auch »Der einzige Zeuge« – als Flop allerdings kann er auch nicht bezeichnet werden. Er fand Kritiker, die ihn mochten und solche, die ihn verrissen.

Ford zu diesem Thema: »Ach wissen Sie, ein künstlerischer Erfolg ist mir manchmal lieber als ein kommerzieller. Ich habe nicht das Verlangen, daß jeder Film, in dem ich spiele, ein Box-Office-Hit wird. Wenn ich das von vornherein wüßte, würde ich häufiger an weniger ambitionierten Filmen mitarbeiten. Das war auf alle Fälle mein bislang kompliziertester Film, schwieriger als alles, was ich bisher in Angriff genommen habe. Ich bin ungeheuer stolz darauf. Aus einem so komplizierten Stück Literatur einen guten Film zu machen, ist nicht leicht. Wenn ich meine Ambitionen zugrunde lege, dann ist der Film auf jeden Fall ein Erfolg für mich.«

Auch was sein Publikum anging, gab Ford eine – ziemlich zutreffende – Prognose ab: »Intellektuelle Menschen werden sich Gedanken darüber machen, weniger intellektuelle Menschen wohl kaum. Wir verlangen von niemanden, sich den Kopf über den Film zu zerbrechen. Wenn jedoch jemand zum Nachdenken angeregt wird – um so besser.«

Trotzdem hat es ihn gefreut, zu hören, daß auch viele »Indiana Jones«- und »Krieg der Sterne«-Fans »Mosquito Coast« mochten. Fast jedermann konnte den immensen Einsatz von Harrison Ford in diesem Film spüren, und viele Kritiker würdigten ihn auch. Es gab aber auch Stimmen, die den Charakter zwar »stark und inspiriert« fanden, aber dennoch »überzogen« (Duane Byrge im »Hollywood Reporter«) und schlicht »eine Spur zu laut, zu aufgedreht« (Andreas Kilb in »Die Zeit«). »Time«, »Los Angeles Times« und »Spiegel« sprachen von einer »hypnotisierenden Leistung«. Es schien, als sollte River Phoenix mit seiner Bemerkung, der Film würde einige Leute schockieren, recht behalten.

Noch eine Bemerkung zu den Zuschauerzahlen: In Europa lief »Mosquito Coast« bedeutend besser als in den USA – die spätere Video-Auswertung war dann wieder allerorten ein voller Erfolg.

Der Allie Fox aus »Mosquito Coast« hatte allerdings Fords Marktwert trotz des bescheideneren kommerziellen Erfolgs in die Höhe getrieben. Für die Rolle des Donald Woods in »Der Schrei nach Freiheit« soll er 4 Millionen Dollar geboten bekommen haben, für die Hauptrolle in dem Radrenn-Epos »Yellow Jersey« gar noch einmal mehr als doppelt soviel. Doch darum ging es ihm nie und konnte es ihm auch längst nicht mehr gehen, denn Geld spielte jetzt, wo er viel davon hatte, erst recht keine Rolle mehr.

Lieber wartete er auf interessante Angebote, vielleicht auch einmal auf eines, das einer der ganz großen europäischen Regisseure ihm machen würde. Mit dem europäischen Kino nämlich hatte er sich inzwischen angefreundet, sich auf Video-Cassetten und in vielen Vorführungen mit den wichtigsten Werken der dortigen Filmgeschichte vertraut gemacht.

Und da kommt plötzlich ein Angebot von Roman Polanski.

Experimente

Wie gelingt es einem Regisseur, Harrison Ford gerade für
»seinen« Film zu gewinnen? Da muß man schon Roman
Polanski heißen, den Star in Paris treffen, zum Essen einla-
den, ihm während des Essens zwei Stunden lang von dem
geplanten Film erzählen, schließlich einzelne Szenen pla-
stisch vorspielen, dabei auch schon mal auf den Tisch
klettern und ihm dann die Rolle des Dr. Richard Walker in
seinem neuen Film »Frantic« anbieten. . . .

Genau das geschah kurz vor Weihnachten 1986: Harrison
Fords Frau Melissa Mathison schrieb zu dieser Zeit an
einem Drehbuch für eine Verfilmung der Abenteuer des
belgischen Comic-Helden Tim (»Tim und Struppi«). Der
Auftraggeber war kein geringerer als Polanski, der hochan-
gesehene Regisseur von »Tanz der Vampire«, »Rosemaries
Baby«, »Tess«, »Chinatown« und einer Reihe weiterer film-
historischer Werke.

»Melissa wurde nach Paris eingeladen«, erzählte Ford dem
Reporter von »Premiere«, »und das war gerade auf dem
Höhepunkt dieser Welle von terroristischen Anschlägen. Sie
war schwanger, ich wollte einfach nicht, daß sie alleine
fährt, und so fuhr ich mit. Das war das erste Mal, daß ich
Roman überhaupt traf.«

Bei dem beschriebenen Abendessen in seiner Wohnung
breitete Polanski nun seine neue Film-Idee vor Harrison

Ford aus: »Es war toll, eine Geschichte über einen Mann, der seine Frau liebt.« Das saß bei Ford – denn aus diesem Grunde war er schließlich selbst gerade nach Paris gekommen.

»Das kam natürlich sehr gut an bei mir«, bestätigt er, »denn ich mache mir auch immer Sorgen um Melissa. Das zeigt übrigens ganz gut die Realität, in der ich lebe.«

Jetzt fing Polanski an, Szenen vorzuspielen, Details zu einem Film zu entwickeln, der zu diesem Zeitpunkt erst im Kopf des Regisseurs herumspukte. Dadurch wurden die Ängste von Harrison Ford plötzlich real, denn Polanski hatte auch Erinnerungen an den Verlust seiner von Fanatikern ermordeten Frau Sharon Tate eingebracht, und Verzweiflung und Trauer waren nicht nur gespielt. . . .

»Es ging Roman sehr nahe«, erzählt Ford weiter, «ich mußte die ganze Zeit daran denken, wie es sein würde, wenn mir etwas Ähnliches passieren würde. Als er fertig war, sagte ich, wenn das, aufs Papier gebracht, immer noch so ist, dann werde ich's machen.«

Das zeigt wieder, wie emotional auch Harrison Ford an neue Aufgaben herangeht – und wie leicht letztlich ein guter Regisseur – es muß allerdings schon ein sehr guter sein – ihn von einer Rolle überzeugen kann. Das persönliche Element – wie der lebhafte Vortrag von Polanski – ist dabei viel entscheidender als ein noch so gut geschriebenes Drehbuch, das mit drei Dutzend anderen auf einem Schreibtisch landet.

Für Polanski ging es mit der Wahl seines Hauptdarstellers auch um eine ganze Menge Geld: »Ich habe sehr bald nach ›Piraten‹ mit ›Frantic‹ begonnen. Aus mehreren Gründen: Natürlich waren das zunächst finanzielle, aber auch psychologische. ›Piraten‹ war in den USA ein großer Flop – und damit zwangsläufig weltweit erfolglos. Als der Warner-Bro-

thers-Produzent Thom Mount auf mich zukam und mir einen Film anbot, sagte ich, daß ich Lust hätte, einen Thriller zu drehen. Ich wußte, das würde sie interessieren. Es sollte ein Suspense-Film werden, und schließlich wollte ich gern einen Film in Paris drehen.«

Auf die Frage, wie er denn nun auf die Idee zu dem Film gekommen sei, lachte Polanski: »Die Warner-Leute fragten mich, ob ich denn schon eine Idee hätte. Und ich mußte mir ganz schnell etwas einfallen lassen. Also sagte ich: ›Es ist die Geschichte eines Amerikaners, der mit seiner Frau nach Paris kommt. Und die Frau verschwindet.‹

Sie haben geantwortet: ›Fantastic! Und was passiert dann?‹. Ich daraufhin: ›Dann muß erst das Drehbuch geschrieben werden‹. Später habe ich dann den Vertrag unterschrieben.«

In diesem Moment hatte Polanski, der mit Gerard Brach das Drehbuch schrieb, noch keine Idee für einen Hauptdarsteller. Dann dachte er an Dustin Hoffman, nahm auch Kontakt mit ihm auf, änderte aber seine Meinung, weil er fühlte, daß sein Protagonist ein »normaler« Amerikaner sein sollte. Als er dann durch Melissa Mathison Harrison Ford zufällig persönlich kennenlernte, wußte er, wen er von der Rolle zu überzeugen hatte. . . .

Polanski hatte von Anfang an die Idee, daß Dr. Richard Walker, die Hauptfigur aus »Frantic«, ein Arzt sein sollte; daß es aber ausgerechnet ein Kardiologie-Professor werden würde, also ein Herzchirurg, das wurde erst mit Harrison Ford aktuell. Nachdem er mit Ford gesprochen hatte, war klar, daß Walker ein übergenauer, penibler Typ sein mußte, dem es besonders schwer fallen würde, sich in einer frem-

Als Richard Walker in »Frantic«.

den Stadt unter schwierigen Umständen zurechtzufinden. Walker sollte von der gewohnten in eine so wenig vertraute Umgebung katapultiert werden, daß er nur mit seinen Instinkten würde weiterkommen können. Ford: »Wir mußten in einigen wenigen Szenen zeigen, daß dieser Mann eine überwältigende Autorität hat.«

Äußerliches Merkmal dieser Autorität sollten seine Hände sein. Die Art, in der ein Herzchirurg komplizierteste und exakteste Bewegungen ausführt, sollte sich auch auf die Gesten und Handgriffe im normalen Leben übertragen. Auf diese Idee waren Polanski und Ford in einem Restaurant gekommen, als der Kellner geschickt eine Weinflasche geöffnet und mit präzisen Griffen eine kleine Weinzeremonie zelebriert hatte. Darin lag ein Eindruck von absoluter Sicherheit – das hatte den beiden Männern imponiert.

Im weiteren Verlauf der Filmhandlung allerdings, nachdem der Professor immer länger von seiner verschwundenen Frau getrennt ist, wird er zunehmend unsicherer, und es gibt Szenen, in denen seine Hände regelrecht zittern – Zeichen der Hektik und Unruhe, in die er hineingeraten ist. Ford ist sich sicher, daß er diese komplizierte Wandlung deshalb veranschaulichen konnte, weil er in der Lage war, viele Szenen locker zu improvisieren und die Zwänge des Drehbuches zu durchbrechen: »Roman ist ziemlich frei beim Drehen«, sagt er, »wenn er merkt, daß die Arbeitsergebnisse gut sind, dann ist es ihm im Gegensatz zu anderen schreibenden Regisseuren ziemlich egal, ob er nun eine wortwörtliche Interpretation des Drehbuches bekommt oder nicht.«

Auch Polanski unterstützte seinen Star bei der Improvisation: »Es war häufig so, daß Harrison von seinem Text abwich, aber es funktionierte. Irgendwie war es auch noch inspirierender oder origineller als das, was ich im Kopf hatte.« Kleines Beispiel – Dr. Walker alias Harrison Ford:

»Vorsicht, ich bin Amerikaner. Ich bin verrückt.« Wie auch immer, einen Freibrief für freie Rede hatte der Superstar auch bei Polanski nicht: »Das wäre ein bißchen gefährlich gewesen. Manchmal, wenn wir uns abends angesehen haben, was wir tagsüber gedreht hatten, sagte ich mir ›Lieber Gott, ich hätte das doch so machen sollen, wie ich es ursprünglich geplant hatte‹.«

Für Ford ist nicht allein die Rolle wichtig, die er spielt, er sieht immer den Film als Ganzes, und so kommt es, daß er einer Rolle manchmal einfach den Dreh gibt, der ihm angebracht erscheint.

Polanski unterstützte ihn dabei. Einem Reporter erzählte er über seine Einstellung zum Filmemachen: »Alles ist Klischee! Und das Klischee ist das Interessanteste am Kino. Während der Dreharbeiten habe ich viel mit Harrison gesprochen, und dabei wurde uns klar, daß das, was wir an unserer Arbeit mögen, darin besteht, Filme über das Kino zu machen. Dinge zu erzählen, die man schon häufig auf der Leinwand gesehen hat und die man mochte. Das Problem besteht darin, die Illusion von Realität zu vermitteln. Ich glaube, daß es mir ganz gut gelungen ist, die Realität zu imitieren. Im Kino ist es wichtig, daß wir versuchen, banale Dinge aufregend zu gestalten. Wer will schon einen Dokumentarfilm im Kino sehen? Niemand.«

Und so wird Harrison Fords bizarre Odyssee durch graue Hinterhöfe, neongrelle Tiefgaragen und schäbige Straßenfluchten zum Alptraum, der durchaus eine innere Logik hat. Gelernt hat sein Regisseur das bei Hitchcock und Franz Kafka, von Filmen wie »Die 39 Stufen«, »Der Mann, der zuviel wußte« und »Eine Dame verschwindet«; Orte, die zuvor Sicherheit und Schutz boten, werden plötzlich zu tödlichen Fallen. Hinter den Fassaden der vermeintlichen Normalität lauern düstere Mächte. Polanski: »Einige Kritiker werfen mir vor, manche Szenen seien so unwahrscheinlich. Jedes einzelne Detail könnte sich so abspielen, selbst wenn es unmöglich erscheint.«

Daran hat Harrison Ford viel Anteil. Schon vom ersten Abend in Paris an, wo beide zu Freunden wurden, verstanden sich Polanski und der Star blendend. Produzent Thom Mount erklärt das so: »Das ist gleichzeitig eine sehr gute Beziehung und dabei eine sehr merkwürdige gewesen. Da war einmal dieser durchtriebene kleine polnische Teufel und dazu dieser nachdenkliche amerikanische Typ. Das ergab eine explosive kreative und philosophische Mixtur.«

Der »nachdenkliche Amerikaner« zeigte übrigens auch wieder seine physischen Qualitäten, denn »Frantic« war, beinahe wie »Blade Runner« oder »Indiana Jones«, eine große körperliche Herausforderung: Ohne Stuntman krabbelte, kletterte und hüpfte Ford über die Dächer von Paris, daß es der Crew den Atem verschlug. Der Produzent: »Wir haben ihn nicht als menschliche Kanonenkugel abgeschossen. Aber er ist da auf rutschigen Dachfirsten 15 Meter über dem Boden langgeturnt, wie sich keiner von uns das trauen würde«. Grinst Ford: »Hat Spaß gemacht.«

Auch als Vehikel für den Superstar Ford war der Film sehr geeignet. Er spielt in praktisch jeder Szene mit und dominiert den ganzen Film – der Erfolg des Streifens sollte also hauptsächlich in Verbindung gesehen werden mit seinem überzeugenden Auftritt als Mann, der durch die Hölle geht, um das zu retten, was er liebt.

Als Verdienst-Möglichkeit war »Frantic« dagegen für ihn uninteressant: »Die Gelegenheit, mit Roman, einem der weltbesten Regisseure, zu arbeiten, war die größte Belohnung für mich.«

Ein amerikanischer Studioboss gibt das Kompliment an Polanski weiter: »Der Unterschied zwischen Ford als Indiana

Produzent Thom Mount über Ford in »Frantic«: »Wir haben ihn nicht als menschliche Kanonenkugel abgeschossen. Aber er ist da über rutschige Dachfirsten 15 Meter über dem Boden langgeturnt, wie sich keiner von uns das trauen würde.«

Jones und dem Ford in ›Frantic‹ ist, daß Polanski, im Gegensatz zu Spielberg, Harrisons Komplexität erkannt und zum Leben erweckt hat. Er hat in Ford mehr als nur einen Cartoon-Helden gesehen.«
Für viele war »Frantic« eine Rückkehr Polanskis zu »China-town«-Zeiten, ein Mystery-Thriller mit viel Unterhaltungs-wert. Andere wiederum konnten mit dem Film weniger

Harrison Ford mit seinen beiden Söhnen auf dem Filmfestival von Deauville, 13. September 1981.

anfangen. Der Filmkritiker von Hollywoods größter Show-Zeitschrift »Variety« bezeichnete den Film unmittelbar nach der Uraufführung als »enttäuschend«, »konventionell« und aller »Höhepunkte entbehrend«, auch viele andere US-Zeitschriften äußerten sich nicht eben wohlwollend.

Das Publikum allerdings sah es anders und bestätigte Polanskis Annahme, die Leute würden in diesen Tagen gerne Mystery-Thriller sehen.

»Frantic« war in den ersten Wochen häufig ausverkauft und wurde zu einem mittleren Hit – keinesfalls zu dem Flop, den manche Show-Größen voraussagten. An den Kinokassen hatte der Regisseur sich damit für sein untergegangenes »Piraten«-Projekt rehabilitiert. Europas Kritiker gingen wesentlich freundlicher mit dem Film, seinem Regisseur und natürlich auch seinem Hauptdarsteller um. »Atmosphärisch dicht« nannte der »Spiegel« den Film, als »kompakt und verläßlich« wurde auch Ford von den deutschen Kritikerpäpsten bezeichnet. Hierzulande war »Frantic« ein Erfolg, wenn auch kein phänomenaler; aber, wie gesagt, darum geht es einem Star wie Harrison Ford ohnehin nicht mehr.

Mit seinem nächsten Film machte Harrison Ford deutlich, daß es ihm nicht einmal darum geht, als Superstar einen Film allein zu tragen, die Hauptrolle zu spielen, die ganz oben auf dem Plakat steht.

Was für einen Stallone oder Eastwood undenkbar wäre – Harrison Ford hat es mit leichter Hand gewagt und sich in »Working Girl« (deutscher Titel: »Die Waffen der Frauen«) mit einer Rolle als besserer Buchhalter an der Seite von zwei weiblichen Stars zufriedengegeben.

Schon vor vier Jahren wurde die Idee zu »Die Waffen der Frauen« (den Originaltitel »Working Girl« konnte der deutsche Verleih nicht übernehmen, weil ein anderer Film den gleichen Titel hat) geboren, als die Drehbuchautoren Kevin Wade und Douglas Wick durch die von Fußgängern überfüllten Straßen Manhattans zogen und sich über die Geschichten hinter jedem Einzelnen, der dort herum lief, Gedanken machten. Das Drehbuch, das daraus entstand, kam nach einigen Startschwierigkeiten zu 20th Century Fox und damit zu Regisseur Mike Nichols, dem Mann, der vor über 20 Jahren mit der Verfilmung von »Wer hat Angst vor Virginia Woolf« berühmt wurde.

»Es ist schwer, in den 80er Jahren eine gute Story zu finden«, jammerte Nichols, »endlich kam eine Geschichte auf mich zu, die Dialoge von richtigen Menschen aus dem richtigen Leben hatte und dazu noch humorvoll war. Wir mögen alle Menschen, die in ihrem Leben kämpfen . . .«

Tess ist Sekretärin einer Finanzmaklerin, die aus den Ideen ihrer Angestellten rücksichtslos Kapital schlägt, bis sie sich durch einen Beinbruch beim Skifahren vorübergehend selbst aus dem Rennen wirft. Tess schlüpft in die Rolle der Chefin und becirct dabei auch den Mann, der Riesendeals nicht machen, aber vermitteln kann, den Börsenmakler Jack Trainer, einen »Prince of Charming«, der bisher auch noch der Liebhaber der verletzten Chefin war. Es gelingt Tess, mit Jacks Hilfe ein großes Geschäft anzureißen, das jedoch im letzten Moment durch die zurückkehrende Chefin verhindert wird – fast jedenfalls. Denn wie immer in solchen modernen Märchen gewinnt doch die Gerechtigkeit, und Tess und ihr Jack stünden, wenn die letzte Klappe noch nicht gefallen wäre, noch immer hinterm heimischen Herd. . . .

Sowohl die Tess-Darstellerin Melanie Griffith als auch Sigourney Weaver als Chefin spielen ihre Rollen grandios (beide wurden für einen Oscar nominiert), doch ebenso fällt die Besetzung des »Mannes in der Mitte« mit Megastar

Harrison Ford auf. Der legendäre Han Solo und »Indy«, dessen Image offenbar immer biederer wird, verzichtet auf die Hauptrolle und ordnet sich unter. Börsenmakler Trainer ist kein Mann, der die Zügel in die Hand nimmt, das Drehbuch schrieb ihm vor, auf die emotionalen Ausbrüche oder Aktionen der Frauen jeweils nur zu reagieren. Das habe ihm nicht nur nichts ausgemacht, ließ er verlauten, er habe es genau so haben wollen. Und wer die Äußerungen des Superstars in anderen Kapiteln dieser Dokumentation liest, der weiß, daß er es auch so meint.

»Die Waffen der Frauen« ist ein Film, der ganz bewußt eine Hollywood-Regel durchbricht: Auf und hinter der Leinwand dominieren zumeist die Männer. Daß Harrison Ford sich darauf eingelassen hat, ist ihm hoch anzurechnen. Er wußte genau, daß seine Rolle mit denen der Kolleginnen nicht konkurrieren konnte und nicht für eine Oscar-Nominierung ausreichen würde – dennoch hat er eine der interessantesten Schauspieler-Konstellationen der letzten Jahre möglich gemacht.

Auch finanziell war seine Mitwirkung durchaus ein Gewinn – »Die Waffen der Frauen« gehört zu den erfolgreichsten Filmen des Jahres 1989. Und obwohl er nicht zu den Oscarnominierungen gehörte, erhielt er wieder einmal praktisch nur positive Kritiken dies- und jenseits des großen Teiches. Klein die Rolle, groß der Effekt für den Star Harrison Ford, der damit seiner Darstellerkarriere eine weitere, interessante Facette hinzugefügt hat: Er kann auch »kleinere« Rollen in großen Filmen so spielen, daß am Ende alle Beteiligten Freude daran haben. Er selbst steht hundertprozentig hinter dieser Rolle und stellte dafür sogar seine Abneigung gegenüber Hollywood-Parties zurück: Zusammen mit Ehefrau Melissa erschien dort ein sichtlich glücklicher und ausgelassener Harrison Ford.

Der Triumph mit »Indy III« und die Zukunft

Vor acht Jahren kam »Jäger des verlorenen Schatzes« in die Kinos und spielte weltweit über 350 Millionen Dollar an den Kinokassen ein. Der waghalsige Archäologe Indiana Jones war binnen kurzem einer der populärsten Kinohelden aller Zeiten geworden. Drei Jahre später sollte sich dieser Erfolg wiederholen. »Indiana Jones und der Tempel des Todes« kam in die Filmtheater – diese zweite Achterbahnfahrt des inzwischen etwas gereiften Helden erzielte fast die gleichen Einspiel-Ergebnisse wie das erste Abenteuer.

Für den Darsteller Harrison Ford hatte das nicht nur positive Seiten, wollte er sich doch von diesem Image lösen und endlich andere Rollen spielen als »Cartoon-Heroen«, die ohnehin immer gewinnen.

Wie wir auf den vergangenen Seiten gezeigt haben, ist ihm das schließlich dennoch gelungen: Der Superstar konnte spielen, was er wollte: Vom Antihelden über den Krimi-Star und Nebenrollen-Crack bis hin zur Oscar nominierten Rolle – Harrison im Glück.

Jetzt kehrt er als Indiana Jones zurück. Es hat etwas länger als beim letzten Mal gedauert, bis sich Lucas und Spielberg entschlossen, den dritten Teil der Serie tatsächlich anzugehen. Wer weiß, ob das überhaupt geschehen wäre, wenn Spielbergs sogenannte »ernste« Filme, »Die Farbe Lila« und

»Das Reich der Sonne« besser beim Publikum angekommen wären. Der Regisseur läßt da keinen Zweifel: »Wir hätten den Film auf jeden Fall gedreht. Das heißt, wenn Harrison dann auch Ja gesagt hätte. Nur er hätte den Film verhindern können. Aber er wollte ja trotz seiner anderen Erfolge.«

Warum hatte Ford überhaupt Interesse daran, den »Indy« noch einmal zu spielen? Zum »Premiere«-Autor Steve Oney sagte er: »Es ist das Gleiche, ob man in einem sogenannten ernsthaften oder einem weniger ernsthaften Film spielt. Das Darstellen ist das Gleiche. Was ich wirklich genieße, ist diese Art von Problemlösung, die Spielberg betreibt: Raus aus dem Drehbuch, ab vor die Kamera. Es gibt keinen, der das besser kann als Steven. Er hat eine der lockersten Einstellungen dazu, die es jemals im Filmgeschäft gab. Und außerdem: Indiana Jones spielen macht Spaß. Jeder Junge träumt davon.«

Es gibt vielleicht nur einen weiteren Darsteller auf der Welt, der ein ähnliches Rollen-Spektrum durchlaufen hat wie Harrison Ford, den auch eine Superstar-Rolle langfristig nicht an anderen, darstellerisch noch besseren Arbeiten hinderte: Sean Connery, der Ex-James-Bond, der lange Jahre das Superagenten-Image nicht loswurde und daher nicht an die Rollen kam, die er eigentlich spielen wollte. Zu guter Letzt, nach langer Durststrecke (über die ihn seine Beteiligungen an den früheren Erfolgs-Filmen hinwegrettete), konnte er Charakter-Rollen spielen, die ihn von Bond abhoben, und schließlich gewann er sogar den Oscar für sein Polizisten-Portrait in »Die Unbestechlichen« von Brian de Palma. Dieser Mann spielt nun in »Indy III« den Vater des populärsten Archäologen der Welt.

»Indiana Jones und der letzte Kreuzzug« ist ein Filmtitel mit doppelter Bedeutung: Zum einen sucht »Indy« in seiner archäologischen Mission nach einem verschollenen Kreuzritter. Zum anderen wird es, wenn man Frank Marshall glaubt, Steven Spielbergs Ko-Produzenten, bei diesem Film »der letzte Film über Indiana Jones sein.« Außerdem: »Indy hat inzwischen jedes nur denkbare Transportmittel auf der Welt, das sich ein Mann vorstellen kann, benutzt. Zum Schluß bekommt er noch ein Motorrad mit Beiwagen, so daß wir beschlossen: ›Jetzt reicht's‹.« Marshall meint in Wirklichkeit etwas anderes: Auch George Lucas, Steven Spielberg und die alte Mannschaft kommen aus dem Spiel-Alter heraus, in der immer das gleiche Spiel wiederholt wird. Ähnlich wie die James Bond-Serie ist auch »Indy« inzwischen einmal um die Welt gefahren und hat die interessantesten Paradiese ebenso wie die düstersten Verliese dieser Welt kennengelernt.

George Lucas und Menno Meyjes erdachten die Story zu »Indy III«, Jeffrey Boam, einer der erfahrensten Drehbuchautoren, schrieb diese Geschichte dann in ein filmreifes Script um. Lucas und Spielberg arbeiteten, wie in den beiden Indiana-Jones-Filmen zuvor, wieder mit Frank Marshall und Robert Watts als Ko-Produzenten zusammen. Die irische Schauspielerin Allison Doody gibt in dem Film ihr Kino-Debüt (Mini-Rollen in »James Bond 007 – Im Angesicht des Todes« und »Auf den Schwingen des Todes« wollen wir hier nicht zählen) – als neue Leading-Lady an der Seite von »Indy« spielt sie Dr. Elsa Schneider. John Rhys-Davies spielt wieder den unerschütterlichen Sallah, während Denholm Eliott wieder den Museums-Kurator Marcus Brody verkörpert. Julian Glover spielt den zwielichtigen Industriellen Walter Donovan und Michael Byrne einen bösartigen SS-Offizier namens Vogel.

Wie wir wissen, hat Lucas die Serie in die 30er Jahre verlegt, wobei die Filmzeit aber langsamer läuft als die

114

»echte« Zeit. »Jäger des verlorenen Schatzes«, gedreht 1980, spielt 1936, »Der letzte Kreuzzug«, gedreht 1988/89 spielt im Jahre 1938.

Während Vic Armstrong als Stunt-Koordinator Harrison Ford wieder die kompliziertesten Stunts abnahm, war John Williams wieder dabei, seinen Soundtrack von damals dem neuen Film anzupassen, und die Effekt-Künstler von Industrial, Light and Magic machten sich um die Spezial-effekte verdient.

Wer mitmachen würde, war bald bekannt, doch wie immer bei solchen Filmen, bei denen ein riesiges öffentliches Interesse erwartet wird, wurden vor dem Filmstart keine Details der Filmhandlung bekannt.

Harrison Ford war froh über die Anordnung seiner »Bosse«, nichts über die Handlung verraten zu dürfen: »Hätte ich ohnehin nicht gemacht«, sagte er, und verwies immer wie-der auf die – schweigsame – Presseabteilung von Paramount Pictures. Selbst ein sogenannter Teaser-Trailer, der noch im März 1989, also nur zwei Monate vor dem Filmstart, Presseleuten vorgeführt wurde, enthielt zwar eine Reihe von wichtigen Szenen, versteckte aber den Hauptteil der Handlung hinter einem Special über die Tricks des Films.

Eine Szene zeigt Harrison Ford, wie er auf einem Pferd in rasender Geschwindigkeit eine Wüste durchquert (ohne Stuntman!), und welche Mühe der Kamera-Jeep hat, ihm dabei zu folgen.

Ein weiterer zentraler Charakter des Films war für River Phoenix geplant, den Filmsohn von Harrison Ford in »Mosquito Coast« – in längeren Rückblenden tritt hier der junge Indiana Jones auf, wie er sich zum Beispiel gegen Zirkustiere verteidigen muß oder gar in einer Box voll mit Schlangen eingesperrt wird.

So erzählt der Film auch eine Menge über Vergangenheit

und Leben des Archäologen und bringt, über seine Angst vor Schlangen hinaus, zahlreiche psychologische Hinweise auf eine andere Identität, die wir bisher nicht vermutet haben. In diesem Zusammenhang sucht Indiana Jones auch nach seinem Vater, der allein ihm die Geheimnisse seiner Vergangenheit näherbringen kann. »Indys« Suche nach vergangenen Schätzen wird diesmal auch eine Suche nach sich selbst.

George Lucas, mit seinem Faible für nachträglich eingebaute Beeinflussungen der Vergangenheit durch die Gegenwart, gibt der »Indiana Jones-Serie« mit dem dritten Teil damit eine ähnliche Wende wie seinerzeit der »Krieg der Sterne«-Trilogie durch das Geschehen in »Das Imperium schlägt zurück«. »Der letzte Kreuzzug« ist weniger düster und beklemmend als »Indiana Jones und der Tempel des Todes«, sicher auch ein Zugeständnis an die möglichen Zensoren, denen einige Szenen im Vorgänger etwas zu hart waren.

Auf seiner Jagd nach den letzten Wahrheiten muß Indiana Jones aber auch diesmal an nicht totzukriegenden Film-Nazis vorbei, die sich als ebenso hartnäckig erweisen wie im ersten Teil, schließlich aber die Lektion erhalten, die den Bösen in einem anständigen Hollywood-Film zusteht.

Eines der wichtigsten Elemente, das in der neuen Indiana-Jones-Story weiterentwickelt wird, ist ganz zweifellos der Humor, den der Protagonist an den Tag legt und den auch sein Film-Papa Connery lobte: »Harrison pflegt diese Art des hintergründigen Humors – das läuft reibungslos. Und Steven Spielbergs Erfindungsreichtum am Set ist ebenso beeindruckend wie präzise«.

Er liebt an der Rolle, daß sie in der Zeit zurückgeht und nicht auch noch auf Computer und Raumfahrzeuge angewiesen ist, und wagt auch den Vergleich zwischen »Indy«

und Bond: »Man könnte die beiden vergleichen. Bond ist auch ein Held, den Leute wie Spielberg oder Lucas mögen. Bond ist ein Europäer und »Indy« ist durch und durch ein Amerikaner. Bond hatte einen größeren Appetit auf Frauen als »Indy«, das ist vielleicht zu europäisch. Mal sehen, was sein Vater da ausrichten kann.«

Für diesen Film trat Harrison Ford wieder eine Weltreise an: Einige Wochen wurde in Almeria in Spanien gedreht, danach in Italien, Jordanien, England und den USA, wo die schwierigen Schnitt-Arbeiten sowie die tricktechnische Nachbearbeitung stattfanden. Die Studio-Szenen wurden komplett in den Londoner Elstree-Studios gedreht, die George Lucas inzwischen erworben hatte, weil er ein Studio benötigte, das man für eine Großproduktion voll belegen kann – alle 10 Hallen wurden für »Der letzte Kreuzzug« gebraucht.

Der Film verschlang insgesamt 30 Millionen Dollar Produktionskosten, die sicherlich noch höher gewesen wären, wenn man in den USA gedreht hätte. Erst die weltweiten Einspielergebnisse werden über den finanziellen Erfolg des Films entscheiden – für Harrison Ford ist das eine »relativ unwichtige Nebensache«, denn er wird sich ebenso wie in den vergangenen Jahren neuen Projekten nur noch dann zuwenden, wenn er eine echte Neigung dazu verspürt – »das ist der größte Triumph, den ein Schauspieler genießen kann«, sagte er einmal.

Denkt er mittlerweile darüber nach, einmal mit seiner Frau Melissa Mathison zusammenzuarbeiten, ein eigenes neues Team aufzumachen? »Vielleicht, aber hoffentlich nicht. Ich glaube nicht, daß ein Ehepaar all seine Erfahrungen zusammen machen muß, speziell die Arbeits-Erfahrungen.«

Die Frage, ob er nach all seinen positiven und negativen Erfahrungen mit Regisseuren nicht selbst einmal Lust hat,

Der Star hat gut lachen. Nach den Erfolgen als Han Solo und Indiana Jones verdient er Millionen. Aber Ford bleibt auf dem Teppich.

sich hinter die Kamera zu begeben, beantwortet er klar: »Eine der Tatsachen, die ich am Darstellerleben so schätze, ist das Leben, das ich dabei führen kann, daß es mir möglich ist, Privatleben und Arbeit voneinander zu trennen. Ich arbeite drei oder vier Monate im Jahr und dann gehe ich weg, nach Hause, um mein wirkliches Leben zu führen. Ein Regisseur kann sich so etwas niemals erlauben. Ein Regisseur arbeitet an einem Projekt für ein oder sogar zwei Jahre und dann fängt eine neue Durststrecke dieser Art an. Das ist nichts für mich.«

Die Zukunft für ihn ist also durchaus rosig. Und was, wenn die Rollenangebote ausbleiben? »So weit sind wir aber noch nicht.«

So weit ist es tatsächlich noch nicht, denn Harrison Ford kommt langsam in das Alter, in dem er für die ernsthaften Männer-Rollen in Frage kommt. Früher war er auf den Listen der Produzenten für diese Rollen immer ganz weit hinten oder gar nicht aufgeführt. Heute sagen namhafte Filmproduzenten aus Hollywood ganz andere Sachen:

»In den letzten Jahren war es so, daß diese Drehbücher an Jack (Nicholson) oder Warren (Beatty) gingen, und wenn die abgelehnt haben, hat Harrison sie auf den Tisch bekommen. Aber die werden langsam zu alt für diese Parts und jetzt bekommt Harrison diese Angebote zuerst.«

Und wie sieht Harrison Ford selbst seine langfristige Zukunft?

»Ehrlich gesagt habe ich keine genauen Vorstellungen von dem, was mich erwarten könnte«, meint er, »ich bin gerade dabei, mich daran zu gewöhnen, daß ich mir über Geld keine Gedanken mehr machen muß. Wenn man das sagen kann, dann hat man's geschafft.«

Aber auf der Kinoleinwand bleibt noch viel zu tun für Harrison Ford!

II. WIE HARRISON FORD SPIELT

Die folgenden Texte verstehen sich nicht als Filmographie. Sie sind eben deshalb auch kein Anhang zum biographischen Teil des Buches, sondern dessen zweiter Hauptbestandteil. Hier wird versucht, an einer Auswahl der großen Rollen, die Harrison Ford in seiner Karriere bis heute spielte, zu zeigen, welche Wirkung der Star auf der Leinwand entfaltet.

So und nicht anders geht's. Ford verrät seine Tricks beim Spielen.

Die Rollen und ihre Interpretation durch Ford belegen deutlicher als jede Inhaltsangabe des einzelnen Films, warum der Schauspieler eine derart starke physische Präsenz entwikkelt. Seine Tricks und Manierismen beim Spiel und seine Präsentation durch die Regie werden analysiert. Dadurch wird der Blick des Lesers geschärft, im Kino noch genauer wahrzunehmen, was ihm eigentlich an Harrison Ford gefällt. So gesehen ist der folgende Buchteil ein Filmseminar im kleinen: er macht die *Absicht* der jeweiligen Inszenierung deutlich, die im fertigen Film ja nur noch als Resultat vorkommt und deshalb unsichtbar wird.

Der galaktische Draufgänger

Harrison Ford als Han Solo in »Krieg der Sterne«

Vor langer Zeit, in einer weit entfernten Galaxis. Es herrscht Bürgerkrieg. Rebellen greifen von einem geheimen Stützpunkt aus das böse galaktische Imperium an, sie erbeuten Geheimpläne, in denen der Todesstern eine Rolle spielt, eine Raumstation, die ganze Planeten vernichten kann.

Prinzessin Leia jagt nach Hause, verfolgt von den Agenten des Imperiums. Sie besitzt die erbeuteten Pläne, mit denen sie ihr Volk retten kann. Kann sie der Galaxis die Freiheit zurückgeben?

Das Mutterschiff des Imperiums schießt aus allen Rohren, die Droiden der Prinzessin unterliegen, die weißgekleideten Schergen von Darth Vader behalten die Oberhand. Nur der Robot-Philosoph R2D2 und sein Partner C-3P0 können entkommen.

Von Han Solo alias Harrison Ford ist zu diesem Zeitpunkt noch nicht die Rede. Er lungert in einem verrufenen Raumhafen herum.

In der Wüste können Robot C-3P0 und R2D2 inzwischen ein Ölbad nehmen bzw. ihren defekten Motivator auskurieren. Sie sind bei Luke Skywalker untergeschlüpft, auf einem Planeten, der am weitesten entfernt ist vom hellen Zentrum des Universums.

Hier lebt auch der alte und weise Ben Kenobi, der von den Jedi-Rittern erzählt, die vor Tausenden von Generationen die Hüter von Frieden und Gerechtigkeit in der Galaxis waren. Und er erzählt von Darth Vader, einem seiner ehemaligen Schüler, der abtrünnig und böse wurde und den Vater von Luke Skywalker ermordete.

Darth Vader, Abtrünniger der MACHT, eines Energiefeldes, das die Galaxis durchdringt und alles zusammenhält, schwang sich zum Herrscher des Imperiums auf und ließ alle Jedi-Ritter ausrotten. Finstere Verhältnisse zwischen den Sternen waren die Folge. Bis zu diesem Tag.

Mit Chewbacca, dem Zottelmonster, ist der galaktische Draufgänger Han Solo unschlagbar.

Auf dem Todesstern beraten die Offiziere des Imperiums inzwischen, wie die Weltraum-Rebellen zerschlagen werden können. Und im gleichen Moment machen sich Ben Kenobi und Luke auf nach Alderan, wohin sie das gespeicherte Programm im Erinnerungs-Konverter des Zwergenrobots R2D2 führt.

Han Solo lebt in einem Wüstenhafen, der von Machtrobotern, Zwergendroiden und galaktischen Scheichen bewohnt wird. Weltraum-Schlauchboote, umgebaute Elefanten, Open-Air-Industrien und finstere Spelunken bestimmen das Milieu des Hafens, eines Umschlagplatzes für gute Frachtpiloten.

Wie in einer monströsen »Sesamstraße« kommt sich Luke Skywalker vor, der hier von Ben Kenobi eingeführt wird. Da sitzen die Piloten: zottelige Riesenkatzen mit feurigen Augen, Wurzelgnome mit Kicherstimmen, Knollenmonster, ameisenköpfige Halbwesen, diabolisch grinsende Kellnerteufel und schleimige Polypen – Köpfe die in einer Swingband diesem illustren Publikum aufspielen.

Die Szene ist wahrhaft international. Aus allen Teilen des Weltalls trifft man sich hier. Ein multikulturelles Zentrum.

Mit Chewbacca, einem haarigen Zottelmonster, treffen Luke und Ben schon bald den Ko-Piloten eines Raumschiffes, das für sie in Frage kommt. Und dann tritt auch schon der Kommandant auf, Han Solo, Chef des »rasenden Falken«.

Harrison Ford kennt sich im Weltraum aus, er ist weit herum gekommen. Gegenüber den Monstern in der Bar wirkt er wie ein netter Normalbürger aus der Zeit der Straßenbahnen – mit einem kleinen Hauch von Buck Rogers, dem SF-Helden.

Offenbar ist er in größeren finanziellen Schwierigkeiten, und er willigt ein, für 17.000 Währungseinheiten an Rampe 94 die Fahrgäste an Bord zu nehmen, die so dringend fort wollen. Er ist gegenüber einem im Hintergrund bleibenden Boß verschuldet und braucht die Knete dringend. Wie weiland Käptn Morgan alias Humphrey Bogart nimmt er die Fracht aus schnödem Eigennutz an. Mit schleppendem Schritt verläßt er danach die Spelunke, nachdem er zuvor noch, wie ein Westernheld, einer Kreatur mit einem großkalibrigen Feuergerät den Garaus gemacht hat.

Dennoch wirkt er nicht gefährlich. Er ist zu jugendlich, zu blond, zu freundlich, um als galaktischer Killer ernst genommen zu werden. Aber das ist nur sein Überlebenstrick.

Im Inneren seines Raumschiffes geht er sofort mit einem Putzlappen zu Werke, um das Cockpit auf Hochglanz zu bringen. Irgendwie wirkt Harrison Ford so, als sei er gerade vom Set seines letzten Films »American Graffiti« herübergekommen. Er trägt Rennsport-Handschuhe und schwärmt von seiner »Kiste«, die »was los macht«. Er selbst hat ihr eine Menge Extras eingebaut. Ein Motorenfreak also, im Zeitalter der elektronischen Antriebe.

Im Nu ist sein Raumschiff aus der Wüste aufgestiegen und mitten im All. Han Solo agiert fachmännisch in der Kanzel, er bringt seinen Kreuzer auf Überlichtgeschwindigkeit und hängt die imperialen Schiffe ab. Als sie beschossen werden, fängt für ihn der Spaß erst richtig an. Er ist ein Pirat der universalen Meere.

Den Sprung durch die Lichtmauer schafft er mühelos. Dazu schnallt er sich nicht einmal an.

Dann stiefelt er durch sein Schiff, stolzgeschwellt über das Tempo, das sie vorlegen. Die »imperialen Schnecken« haben keine Chance gegen den »rasenden Falken«. Wie er so auf und ab geht, mit dem baumelnden Laserrevolver an der Hüfte, sieht er aus, als hätte er viele Wildwestfilme gesehen. Seine Lebensphilosophie ist pragmatisch. Er glaubt nur an das, was er sieht. Nicht an göttliche Macht und nicht an mystische Energiefelder. Han Solo ist ein Materialist zwischen den Sternen.

Das muß er auch sein, denn als seine Raumfähre von den magnetischen Feldern des Todessterns angezogen und er zum Landen gezwungen wird, muß er sich etwas einfallen lassen. Kampfkraft allein hilft da nicht mehr. Er klebt nämlich am Fangstrahl fest. Der Weltraumschmuggler Han Solo sitzt in der Klemme.

Er hebt die Schußwaffe und streichelt gleichzeitig über den Zottelkopf seines Partners Chewbacca. Gesten, die in dieser klickernden Elektrowelt des Universums schön antiquiert wirken, so, als hätten sie etwas mit Gefühlen zu tun, die man hier gar nicht vermuten würde.

Ein offener Kampf ist Han Solo am liebsten. Mit seinen Gefährten Chewbacca, Luke Skywalker, Ben Kenobi und den beiden Robots dringt er von unten und innen her in die Mammutstation des Todessterns ein. Sie rollen die Befehlsstände auf.

Im Inhaftierungsblock AA 23 sitzt noch immer die Prinzessin Leia. Mit ihr will Han Solo nichts zu tun haben, das ist ja wie im Märchen! Solo denkt nur so weit, wie seine Honorarvorschüsse das zulassen. Und wenn die Prinzessin getötet wird, ist das zwar bedauerlich, aber doch besser, als wenn er selbst dran glauben muß. Sonnyboy Solo ist auch noch ein Zyniker. »Ich halte meinen Kopf für niemanden hin«, dieses Motto aus jenen hartgesottenen Zeiten, als auf der Erde noch die Privatdetektive der »Schwarzen Serie« herumschnüffelten, gilt auch für ihn.

Aber als Luke ihm Reichtum in Aussicht stellt, macht er sofort mit. Sein in vielen Gefahren gehärteter Sinn fürs Materielle bleibt auch jetzt intakt.

An Feuerkraft ist Han Solo auch den trainierten Sternensoldaten nicht unterlegen. Und so stehen sie bald vor Zelle 2187, in der Prinzessin Leia schmachtet.

Immer wenn Han Solo seinen galaktischen Sturzhelm abnimmt, kommt die blonde Haarpracht von Harrison Ford zum Vorschein. Und er nimmt den Helm oft ab. Ford schüttelt dann seine halblange Mähne, die noch aus der Hippie-Zeit der 60er Jahre unseres Jahrhunderts zu stammen scheint.

Die Kämpfer seilen sich über den Müllschacht ab. Zwischen Weltall-Abfällen sammeln sie sich zu neuen Ausfällen. Han Solo beginnt die ganze Aktion inzwischen suspekt zu werden. Er mault ständig herum, weil er keine Strategie erkennen kann. Und als im Müll auch noch ein einäugiges Schleimmonster auftaucht, halb Krokodil, halb E. T., hat er genug.

Als sie aus der halbbiologischen Müllzerkleinerungsanlage heraus sind, umarmt der schnöde Materialist sogar die Prinzessin. Der Weltraum-Cowboy zeigt Gefühl. Aber das hört sofort wieder auf, als die hochwohlgeborene Dame das Befehlskommando übernimmt. Macho Solo fühlt sich überhaupt nicht geehrt, von einer Blaublütigen kommandiert zu werden.

Erst als Stoßtruppführer entwickelt Han Solo alias Ford, nachdem er sich von der Prinzessin-Partei abspaltet, Action-Qualitäten. Seine Schüsse treffen am genauesten, seine Leichen sind also die besten. Er flitzt mit Chewbacca, dem laufenden Bettvorleger, zusammen durch die engen Gänge des Todessterns und schon sitzt er wieder in seinem Raumkahn und segelt davon.

Der Haudegen, der seine männlichen Gefährten nur mit »Kumpel« oder »Junge« anredet, setzt sich die Kopfhörer des Commanders auf, klemmt sich hinter die Bordkanone und schießt wie in einem Videospiel die angreifenden Kampfkreuzer des Imperiums ab. Seine schicken Lederhandschuhe behält er immer an. Vielleicht ist er auch ein Snob der Milchstraße, oder er liebt nur ganz einfach handfestes Tun.

Nur im Gespräch mit der Prinzessin zieht er die Handschuhe aus. Langsam, wie eine Stripteasetänzerin, Finger für Finger, entkleidet er seine Hände. »Nicht übel, meine Rettungsaktion, was?« will er von Leia wissen. Aber die sieht in ihm eine typische Söldnerseele, die nur Geld sehen will. Von revolutionären Ereignissen hält Han Solo tatsächlich nichts.

Als sie auf dem Rebellenstützpunkt eines Mondes landen, pirscht sich auch schon die Raumstation des Imperiums, groß wie ein Mutterplanet, heran. Aber auch dieser Gigant hat eine schwache Stelle: Einen kleinen, zwei Meter breiten Schacht, durch den ein Ein-Mann-Kampfflieger direkt zum Reaktorsystem und damit zum Herz des Todessterns fliegen kann. Protonentorpedos könnten den Rest besorgen, in einer Kettenreaktion würde sich das Imperium selbst vernichten.

Das scheint unmöglich zu sein. Alle Piloten bestätigen das. »Der Angriff auf die Raumstation«, bemerkt Han Solo, »hat nichts mit Mut, viel mehr mit Selbstmord zu tun.« Deshalb packt er sein Honorar ein und will nach Hause. Als er seine Knete einsteckt, sieht er nicht wie ein Weltraum-Kommandant aus, eher wie ein Kleinbarkassenbesitzer auf Martinique.

Er verfolgt den Angriff der Ein-Mann-Kampfflugzeuge auf das Imperium mit und jubelt: »Ein Millionentreffer!«, als der Torpedo tatsächlich im Zentrum sitzt. Natürlich zählt die Kohle doch nicht allein. Am Ende weiß er genau, wo die richtige Seite ist und wo seine wahren Freunde sitzen. Und als er schließlich mit Luke und Chewbacca das Ehrenspalier

Stolz präsentiert sich Han Solo, inmitten seiner tierischen und menschlichen Gefährten, dem Publikum der Milchstraße.

der Rebellen abschreitet, um für immer in die Ruhmeshallen der Milchstraße einzuziehen, ist ihm seine Heimatspelunke schon fast egal. Die Prinzessin überreicht dem mutigen Trio eine Medaille, und auch die beiden Droiden werden geehrt. Stolz präsentiert sich Han Solo beziehungsweise Harrison Ford dem zahlreich angereisten Publikum.

Der Kriegsveteran

Harrison Ford als Ken Boyd in »Helden von heute«

Er rast mit einem roten Turbolader heran, dreht eine Schleu-
der-Ehrenrunde und begrüßt seinen Kumpel Jack. Dazu
öffnet er nicht die Fahrertür, sondern steigt durchs Fenster
nach draußen. Allerdings: die Scheibe ist heruntergelassen,
dieses Zugeständnis macht Ken denn doch.
Er trägt eine gelbe Kappe, Jeans, eine olivgrüne Allzweck-
jacke. Stolzgeschwellt erklärt er seine 600 Ps-Schleuder,
dabei erwürgt er seinen Freund Jack beinahe vor Freude.
Der Farmer und Buschkrieger Ken ist ein großer, atemloser
Schlacks, der beim Lachen den Kopf nach hinten wirft, daß
ihm die Kappe vom Kopf rutscht. Er steigt zurück in seinen
Turbo – wieder durchs Fenster. Die einfachen Wege sind
nicht die seinen.
Nebenbei fährt der Ex-Soldat Autorennen. Was ihn daran
reizt? Trophäen, der Spaß, 250 Dollar – in dieser Reihen-
folge. Und schon lacht er wieder. Er wirkt wie ein Kindskopf,
der nichts besonders ernst nimmt, weil er nicht will, daß
etwas nahe an ihn heran kommt. Doch so wie er lacht, hat
das einen Stich ins Neurotische. Er lacht zu überschweng-
lich.
Mit seinem Freund Jack und dessen Zufallsbekanntschaft,
der verwirrten Carol, fährt Ken vor seiner Farm vor. Ein
großes, schönes Gelände. Doch er haust dort nur in einem
Wohnwagen. Und sofort holt er ein Dosenbier aus dem

Kühlschrank und läßt es aufschnappen. Ja, er hat ein bißchen Pech gehabt in letzter Zeit. Früher hatte er mal viele Hasenställe, jetzt ist es nur noch ein lumpiger, mit drei Meister Lampe drin.

Was ist los mit Ken?

Er fährt bei Autorennen immer nur im Kreis herum. Dabei gewinnt er. Im Kreis herumfahren, das kann er. Er scheint irgendwie auch auf der Stelle zu treten.

Er ist linkisch. Beim Sprechen bewegt er sich motorisch von rechts nach links. Selbst die Bierdose hält er ungeschickt. Dann grapscht er wieder freundschaftlich nach Jack. Ken ist ein netter Kerl, aber es gibt etwas in seiner Vergangenheit, das ihn unruhig macht.

Abends in der Wohnwagenstube reicht er Fotos aus Kriegszeiten herum. Ken und Jack erinnern sich an alte Zeiten. Die Gegenwart ist bescheiden, also ab in die Vergangenheit, wo der Stahlhelm auf dem Kopf die Kerlchen großartig schmückte. Das »Weißt du noch?« wird zum alles beherrschenden Thema, weil es aus der Gegenwart nur Niederlagen zu berichten gibt. Das Kriegsspielen in Vietnam ist zwar erst vier Jahre her, aber es war die Zeit, wo es etwas zu erleben gab.

Angesteckt durch Erinnerungen öffnet Ken den Kofferraum des roten Flitzers, auf dem in Großbuchstaben »Canned Heat« prankt, und zaubert ein Maschinengewehr heraus. Er ballert damit mitten in der Nacht auf die Sterne am Himmel. Manchmal fühlt er sich dadurch besser.

Mit Mädchen läuft bei ihm nichts. Er hat vergessen, wie das geht. Statt dessen sitzt er nachts da und streichelt versunken sein MG. Dabei spricht er mit ganz leisen Tönen. Er hat einen Knacks. Vietnam heißt sein Trauma. Harrison Ford sackt dabei ganz in sich zusammen. Ein großer, kräftiger Kerl, dessen Kraft bei manchen Gedanken, die er sich

Ford als Kriegsveteran Ken, dessen Nervenkostüm dünn wie ein Nylonhemd ist, in »Helden von heute« (mit Henry Winkler und Sally Field).

macht, völlig schrumpft. Man kann Angst um ihn kriegen. Kenny ist reizbar – ein falsches Wort, und schon rastet er aus. Wenn er provoziert wird, kann er kein Rennen fahren. Sein Nervenkostüm ist dünn wie ein Nylonhemd.

Jack fährt an seiner Stelle den Karo Ass-Turbo. Denn wenn Ken einmal aus dem Gleichgewicht ist, dann fängt ihn nichts mehr auf. Seine Hände flattern.

Jack wird Zweiter, aber das ärgert Ken nicht. Er freut sich darüber, daß sein Freund am Leben blieb – denn der ist eigentlich ein lausiger Fahrer. Zuhause, auf dem Farmgelände, läßt Ken sich mit Bier und Whisky vollaufen und legt sich ins Gras. Seine Gesten sind proletarisch, er kratzt sich, wälzt sich, haut sich mit der Bierdose gegen die Stirn, daß die Kappe von seinen dichten, braunen Haaren fliegt.

Und wenn die Sonne scheint, dann öffnet er sein Oberhemd und läßt sich die Brust bräunen. Dabei sieht man, daß er immer noch seine Soldatenmarke um den Hals trägt. Er ist wirklich ein bißchen von gestern. Aber sein Freund Jack bringt ihn dazu, neue Kaninchenställe zu bauen. Vielleicht ist noch nicht alles verloren mit Kenny.

Freunde braucht er ganz sicher. Und deshalb leiht er Jack seinen roten Flitzer, damit der nach Eureka fahren kann, um Geld heranzuschaffen. Carol fährt mit, obwohl sie eigentlich zu eben dieser Zeit in New York heiraten wollte.

Alle drei in diesem Trio sind geschädigt. Die amerikanische Realität ist der Täter. Und Jack leidet unter dem Kriegstrauma am stärksten. Aber wie Ken wird er, dank Carol, zurückfinden zu sich selbst. Und Ken baut inzwischen seine Kaninchenställe weiter aus. Auch für ihn ist der Krieg endlich zu Ende.

Harrison Ford hinterläßt in dieser Rolle einen unvergeßlichen Eindruck. Die Lakonie seines Spiels und die Gesten und Körperhaltungen, die er für seine Figur Ken gefunden hat, prägen sich über das Filmende hinaus ein. Er hat in »Helden von heute« nur eine Nebenrolle, aber er dehnt sie durch die Intensität seines Spiels weit aus.

Durch seine nur andeutende Interpretation des traumatischen Helden, dessen Kriegserfahrungen ihn für die Gegenwart unbrauchbar machen, werden andere, mögliche Kriegsschicksale deutlich. Harrison Ford reißt das Ausmaß einer kaputten Psyche in Gesten und Verhaltensweisen nur an – seine Rolle gibt nicht mehr her.

Aber das Fragmentarische dieser Darstellung läßt soviel unbeantwortet, daß es mehr im Zuschauer auslöst als jede zu Ende gespielte Charakteristik. Der Star dieses Films ist die Nebenrolle Harrison Ford.

Der Soldat

Harrison Ford als Colonel Barnsby in »Der wilde Haufen von Navarone«

Die Insel Navarone im Ägäischen Meer war für die Alliierten im Zweiten Weltkrieg eine große Gefahr. Von hier aus konnten deutsche Verbände Truppenbewegungen zur See fast perfekt kontrollieren. Ein geheimes Kommandounternehmen schaffte es in der Nacht vom 23. auf den 24. September 1943, in die Verteidigungsanlage einzudringen und sie mit Dynamitladungen zu zerstören.

Einige Zeit später startet ein »Sonderkommando 10« nach Jugoslawien, um einen deutschen Top-Agenten unschädlich zu machen, der in Navarone eine zwielichtige Rolle spielte. Harrison Ford als Colonel Barnsby leitet das Unternehmen.

Stramm steht Ford vor seinem Vorgesetzten. Seine erste Rede signalisiert Selbstbewußtsein. Er ist erfahren, und er weiß, was er kann. Und als er gewöhnliches Soldatendrillich trägt, spricht der Draufgänger aus jeder Geste.

Er prügelt sich mit seinen Männern den Weg zum Flugzeug frei – zu einem Flug, den es offiziell gar nicht gibt, weil die Angst vor Anschlägen tief sitzt. Ford steuert die viermotorige Propellermaschine selbst. Sein Gesicht mit dem militärisch kurzen Haarschnitt ist angespannt. Als das Flugzeug abgeschossen wird, springt er als letzter mit dem Fallschirm ab. Und ist dennoch unten der erste, der ankommt.

Der soldatische Overall steht ihm nicht schlecht, und der

Revolver in der Hand verleiht ihm gleich Autorität. Er erspäht die Feinde zuerst und sichert als erster die Fluchtwege. Wie er da in Jugoslawien durchs Unterholz schleicht, könnte man ihn für eine Vorstudie des Indiana Jones halten. Seine Anweisungen sind präzise, das anerkennen auch die älteren Offiziere. Er fackelt nicht lange. Und so gelingt die Fallschirmlandung ohne größere Probleme. Schon ist der Trupp mitten in Jugoslawien.

Und auch schon mitten im Schlamassel. Faschisten nehmen sie gefangen, doch mit Hilfe einer Doppelagentin der Partisanen können sie fliehen. Um die Befreiung echt aussehen zu lassen, soll Ford dem Mädchen einen Kinnhaken verpassen, doch das bringt er nicht. Sein Major muß das übernehmen. Ford ist ein Gentleman und ein Freund der Frauen. In jeder Lage.

Er macht gute Figur als großgewachsener, kräftiger Soldat. In den Sequenzen, in denen er nicht im Mittelpunkt steht, sondern seinem Schauspielkollegen Robert Shaw nachlaufen muß, wirkt er hingegen nicht überzeugend. Harrison Ford muß der absolute Mittelpunkt der Inszenierung sein, um seine physische Ausstrahlung zur Geltung zu bringen. Ein Darsteller wie er, der eine Figur durch Veräußerlichung entwickelt, durch das Spiel mit Gesten, Bewegungen, mit einer bestimmten Art zu gehen, benötigt einen Regiestil, der ganz auf ihn zugeschnitten ist.

Wenn das nicht der Fall ist, sieht er nur attraktiv aus. Seine Manierismen verpuffen. Er zielt und trifft zwar genau und nimmt dabei die lässige Pose des Tausendsassas überzeugend ein. Aber viel mehr darf Ford nicht aufbieten, solange er unter dem Kommando von Robert Shaw spielt, der in den Credits an erster Stelle genannt wird.

Colonel Barnsby von den United States Rangers hat Zeit, sich zu rasieren. Obwohl er nicht auf dem Hollywood Boule-

Ford macht eine gute Figur als Colonel Barnsby in »Der wilde Haufen von Navarone«.

vard ist, sondern bei den Partisanen in den Bergen Jugoslawiens, hält er auf Äußeres. Ein Sonderkommando, das nicht von schmucken Kerlen geleitet wird, die Amerika vorteilhaft vertreten, ist nichts wert.

Der Colonel ist hartgesotten. Nach einem Massaker der Deutschen an den Partisanen lautet sein einziger Kommentar: »Sauerei! Die armen Schweine.« Und seinen schwarzen Sergeant brüllt er an, wenn der ein Widerwort wagt.

Im Kriegsspiel, mitten unter Soldaten und Offizieren, die ihr individuelles Gesicht verlieren und zu einer Masse graugrün gekleideter Tötungsmaschinen werden, paßt sich Harrison Ford an. In Aktion überzeugt er zumindest durch seine blendende Körperbeherrschung. Aber da in »Der wilde Haufen von Navarone« keine schauspielerischen Großtaten von ihm verlangt werden, versinkt Ford ansonsten im unscheinbaren Kollektiv seiner Mitspieler.

Die Regie bemüht sich zwar, ihn möglichst immer im Bild zu haben, aber gerade das schadet dem Darsteller Ford. Denn er steht oft am Bildrand herum. Oder muß Robert Shaw ansehen, wenn der einen tragenden Dialog führt. Das schadet nicht nur seiner schauspielerischen Präsenz, sondern auch seinem Ansehen bei den Soldaten, die er ja eigentlich befehligen sollte. Andere Akteure und Offiziere treten in den Vordergrund.

Aber je mehr seine Truppe im Sondereinsatz reduziert wird, desto wichtiger wird er wieder im letzten Drittel des Films. Er marschiert vorneweg und übernimmt das Kommando.

Er besiegt die Deutschen fast im Alleingang. Nur drei genauso harte Knochen wie er stehen ihm zur Seite. Staubbedeckt tritt Harrison Ford schließlich den Rückzug an.

Der selbstlose Held

Harrison Ford als David Halloran in »Das tödliche Dreieck«

London 1943: das Leben ist kostbar, weil der Tod im Zweiten Weltkrieg ständig präsent ist. Das ist auch David Halloran bewußt, dem draufgängerischen amerikanischen Bomberpiloten. Er steht an der Straßenecke, tritt mit der Fußspitze die abgebrannte Zigarette aus und wartet auf das Leben. Das Leder der Flieger steht ihm verdammt gut. So einer wie er müßte Chancen bei Frauen haben.

Und schon erscheint die bildhübsche Krankenschwester Margaret und bändelt mit ihm an. Eigentlich will sie nur seinen Platz in der Reihe der wartenden Busfahrgäste ergattern. Er spielt ihr einen Streich, sie revanchiert sich. Und schon hat es zwischen den beiden geschnackelt.

Harrison Ford spielt sofort den jungenhaften, trotz der schweren Zeit lässigen Amerikaner, der gut drauf ist. London wird bombardiert, aber er macht mit seiner Zufallsbekanntschaft Witze. Ein smarter Amerikaner in London, der aber eigentlich schüchtern ist und nach einem Zipfel Glück in der rauhen Wirklichkeit sucht. »Ich gewinne den Krieg für Sie«, sagt er zu Margaret und meint das ernst. Er wirkt plötzlich überhaupt ernst. Er ist im Krieg ernst geworden.

Die Straßen brennen, und er sucht die Krankenschwester. Er findet und küßt sie, während die Häuser zusammenstürzen. Der Krieg hat seine Geduld verkürzt. Zeit gibt es nicht mehr. Jedenfalls hat David Halloran keine.

Es herrscht Krieg. Nach dem Kuß folgt keine Bettszene, sondern der Einsatz der Feuerwehr. Außerdem ist Margaret verheiratet. David geht ernüchtert durch die Trümmer davon.

Im Liebesdialog wirkt er wie ein ganzer Mann. Wenn er durch die Stadt geht, zieht er die Schultern nach vorn. Der Krieg setzt ihm zu. Aber bei der militärischen Lagebesprechung bricht der alte Draufgänger aus ihm heraus, er schiebt die Schirmmütze ins Genick und spöttelt über die Vorgesetzten.

Beim Funkcheck im Cockpit seiner Kampfmaschine sprüht er sogar vor Elan. Die B 25 ist nicht das Nonplusultra, aber Halloran ist ein blendender Pilot, er macht aus dem Minimum ein Maximum. Sein Handwerk beherrscht er perfekt.

Außerhalb der Flugzeugkanzel legt er einen zivilen Gestus und Habitus an den Tag. Er läßt seinen hellen Schlips im Wind wehen, die halblangen, dunkelbraunen Haare stehen unter der Fliegermütze hervor. Er ist wie du und ich in London. Einer, der auf seine Flamme wartet. Und als sie dann kommt, bläst er erleichtert die Backen auf. Bevor er sie küßt.

David Halloran ist ein starker Liebhaber. Direkt steuert er auf sein Ziel zu. Er schätzt keine Umwege. Schon gar nicht, wenn er jetzt die Frau seines Lebens gefunden hat. In diese Einsicht fügt er sich mit fast komischem Stoizismus. Einer, der sich binden will – mitten im Krieg.

Zwischen Bombenabwürfen über Frankreich und Teetrinken mit Margaret vergeht einige Zeit. Seinen Vorgesetzten gegenüber wird Halloran immer sarkastischer. Je mehr er Margaret liebt, desto weniger erträgt er das militärische Säbelrasseln. Er wirft seine Geliebte im Regen auf eine Wiese und wird vor dieser schönen, reifen Frau zum Jungen. Er macht sich zum Teenager in einer Zeit für Uralte.

Nachdenklichkeit macht sich auf seinem Gesicht breit. Während seiner Einsätze denkt er an Margaret. Der Krieg wird für den Amerikaner zum Ambiente seiner Liebe zu dieser verheirateten englischen Frau. Die Fernziele werden ihm angesichts des Nahziels Margaret völlig gleichgültig.

Einen Bombereinsatz bläst er mit technischen Begründungen ab, um zu Weihnachten mit Margaret auf der Erde zu sein. Als sein Ersatz im Einsatz stirbt, bekommt er Probleme mit sich. Er will im Krieg nicht verrecken, nicht jetzt, wo er liebt.

Seine Haltung wird immer ziviler. Er betritt das Dienstzimmer seines Vorgesetzten wie ein Aktenkoffer-Yuppie, der die Aktien-Geheimnisse des Tages kennt. An ihm ist kaum noch etwas Militärisches. Die Liebe hat seine Glieder entspannt.

Aber dann kommt es zu einem »freiwilligen« Sondereinsatz, an dem er teilnehmen muß. Als ihm sein Vorgesetzter das eröffnet, sieht er fast aus wie ein ganz normaler »Feigling« mitten im Frieden, der nichts will als am Leben bleiben. Aber natürlich fliegt er den Einsatz mit. Er ist ein Mann und ein Soldat.

Halloran fliegt den Ehemann von Margaret, Paul Sellinger, nach Frankreich. Er ahnt jedoch nichts von der Identität des Mannes. Ihr Flugzeug wird abgeschossen, Hallorans Kameraden sterben. Er und Paul springen ab.

Halloran ist nicht souverän genug, um den Tod seiner Fliegerkameraden ohne Tränen hinzunehmen. Harrison Ford schämt sich nicht, sein Gesicht beim Anblick der Toten zu einer Grimasse zu verziehen. Der Actionheld scheut nicht die Gefühle. Aber als er am Fallschirm hängt, ist harter Überlebenswille gefragt. Immerhin zeichnet es die Darstellung Fords schon an diesem Punkt des Films aus, daß er das Klischee des Landsers von Teufels Gnaden hinter

In »Das tödliche Dreieck« spielt Ford den jungenhaften, trotz der schweren Kriegszeit lässigen Amerikaner, der jedoch in Europa ernüchtert wird.

sich läßt. Mit seinem Spiel werden die wahren Gefühle im Krieg, auch die der Hartgesottenen, glaubhaft.

Er landet auf dem harten Boden der französischen Tatsachen, noch voller Haß auf den Krieg und seine absolute Sinnlosigkeit. Aber schon handelt er wieder.

Als eine junge Frau ihnen weiterhilft, bedankt sich der Offizier Paul Sellinger mit steifen französischen Worten, Halloran drückt der Französin einen Kuß auf die Wange. Das ist amerikanische Lebensart, mitten im Krieg. Und die braucht er auch, denn jetzt eröffnet ihm Sellinger, daß sie mitten ins Gestapo-Hauptquartier nach Lyon wollen. Harrison Ford stehen bei dieser Eröffnung schier die Haare zu Berge.

Wie ein Deutscher sieht er, obwohl er mit einer geklauten Uniform am Steuer eines deutschen Kübelwagens sitzt, beileibe nicht aus. Die Mütze sitzt ihm schief auf dem Kopf, so was tut kein Deutscher – eher schon ein Russe. Seine Mimik ist zu lakonisch. Er blickt nicht streng genug. Harrison Fords Gesichtszüge haben einen von Natur aus ironischen Ausdruck. Und wenn er um den Wagen herumgeht, um seinem Vorgesetzten die Tür zu öffnen, ist er auch nicht stramm genug. Er ist kein deutscher Kadaversoldat, er ist amerikanischer Bomberpilot. Das prägt.

Und als ein deutscher Soldat vor ihm den Hitlergruß exerziert, grinst er nur verlegen.

Im schlimmsten Schlamassel ist er am besten, dann entfaltet er seine Kämpferqualitäten. Mit animalisch anmutender Vitalität durchbricht Harrison Ford die feindlichen Linien, körperlich behende wie eine Katze. In Sequenzen, in denen er seinen Gefährten, den Offizier, der eigentlich sein Konkurrent bei der gleichen Frau ist, vor dem Zugriff der Nazis rettet, kündigt sich schon der Indiana Jones an. Besonders eine Szene auf einer Hängebrücke ist später in »Indiana Jones und der Tempel des Todes« bis in Details übernommen worden.

In Action entwickelt Harrison Ford eine nur erotisch zu nennende Ausstrahlung – die eines von seinen Sinnen geleiteten Wesens, das um sein Überleben kämpft und alle Instinkte entfaltet.

Die Erotik der männlichen Tat ist das Geheimnis seines Erfolges. Und danach die Entspannung: Szenen, in denen Ford wieder beweist, daß er kein stahlharter Söldner ist, der keine Angst kennt. Er ist deshalb ein sympathischer und

Im schlimmsten Schlamassel ist Ford als David Hallorran in »Das tödliche Dreieck« am besten.

identifikationsträchtiger Held, weil man spürt, daß er verletzlich ist. Und die Sache, die er tun muß, dennoch tut. Darüber hinaus ist er ein aufrechter Mann. Er verzichtet am Ende auf die Frau, die er mehr liebt als jede andere, weil er sie ihrem Mann nicht wegnehmen will, den er für gut hält. In diesen Schlußbildern erreicht er das Format von Rick Blaine alias Humphrey Bogart in der Abschiedsszene mit Ingrid Bergmann in »Casablanca«. Er tritt auf die verkehrsreiche Londoner Straße hinaus, schlägt den Mantelkragen hoch und steckt sich eine Zigarette an, die er in starken Rauchwolken pafft, während er weggeht. Nur die Stärke der Rauchwolken zeigt seine Emotionen an.

Vorseite: Harrison Ford hat gut lachen, der Erfolg bleibt ihm treu

Oben: Ford als Han Solo . . . und die Zottelmonster aus „Die Rückkehr der Jedi-Ritter"

Indiana Jones unterwegs

Ford als Rabbi im Wilden Westen

Oben: Auch im Krieg macht Ford seine Sache ordentlich
Unten: Dreharbeiten zu „Indiana Jones und der Tempel des Todes"
Rechts: Ford mit Sean Connery auf dem Set von „Indy III"

Harrison Ford mit Filmpreis in der Bundesrepublik

Vorseite: Aus „Der einzige Zeuge"
Oben: Aus „Der Blade Runner"

Oben: Ford als Deckard im Los Angeles des Jahres 2019
Folgende Seiten: Ford als Zivilisationskritiker Fox in „Mosquito Coast"

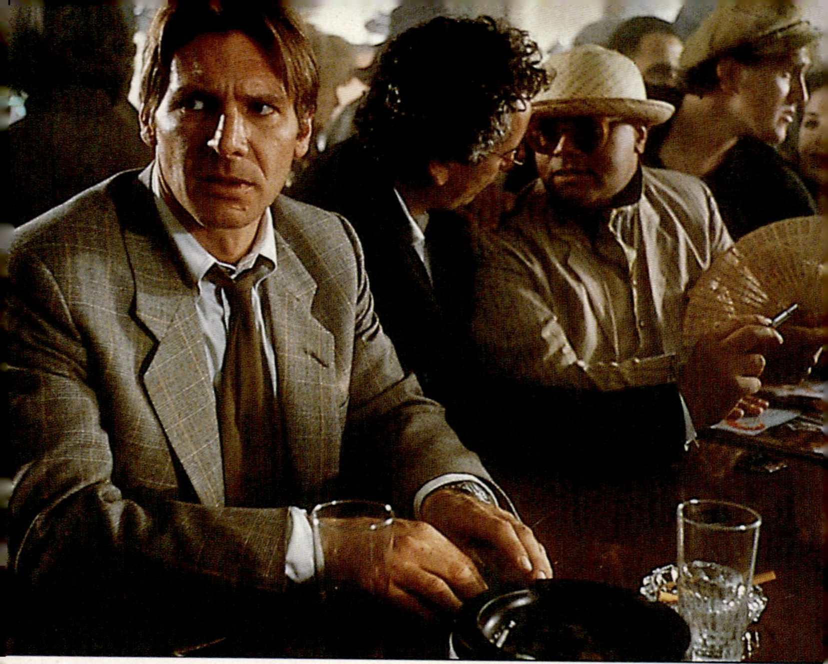

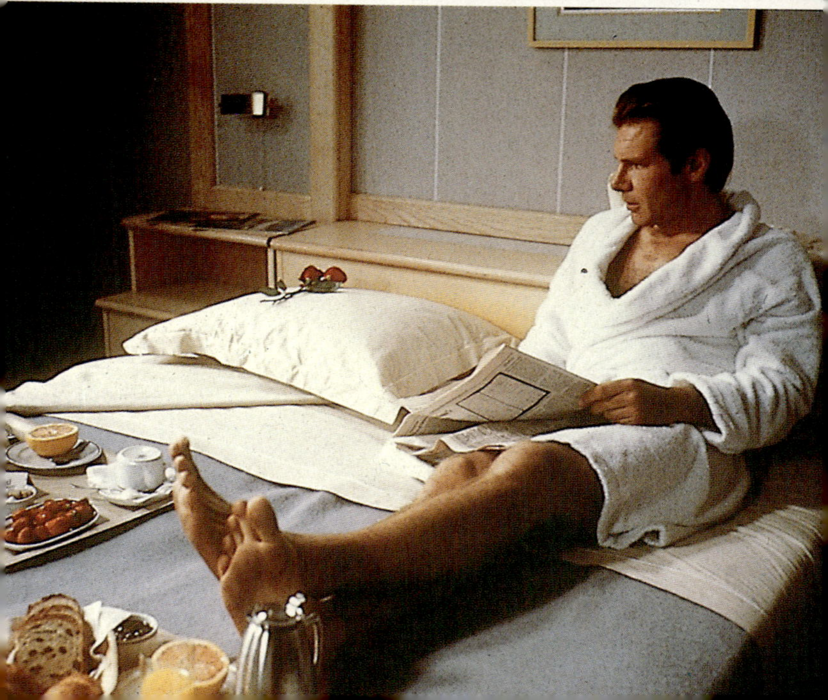

Oben und links: Ford mit Emmanuelle Seigner in „Frantic"
Folgende Seite: Erfolgreicher Ford in „Die Waffen der Frauen"

Der galaktische Liebhaber

Harrison Ford als Han Solo in »Das Imperium schlägt zurück«

Auch der zweite Teil der »Star Wars«-Saga fängt mit einem Märchenton an: »Es war einmal vor langer Zeit in einer weit, weit entfernten Galaxis. . . .«

Das Imperium hat sich erholt und treibt die Rebellen in die hintersten Winkel des Universums zurück. Auf der Eiswüste von Hoth finden die Rebellen Zuflucht vor dem Imperialismus. Ihr Anführer ist Luke Skywalker. Tausende von ferngesteuerten Raumsonden, ausgeschickt vom bösartigen Darth Vader, suchen nach ihnen. Eine davon, eine Mixtur aus Krake und elektronischem Überwachungssystem, landet auf Hoth.

Auf einem »Tauntaun«, einer Kreuzung zwischen Widder, Kamel und Känguruh, reitet inzwischen Han Solo durchs Eis. Im Stützpunkt der Rebellen angekommen, fordert ihn Chewbacca auf, sich nicht vor notwendigen Reparaturarbeiten zu drücken. Das Zottelmonster ist beim Schweißen, und auch sonst herrscht rege Aktivität in der Riesenhalle, die einem Flugzeughangar gleicht.

Harrison Fords Rolle ist gegenüber dem ersten Teil der Sternensaga aufgewertet. Er ist von der ersten Sequenz an dabei. Sein Outfit hat sich verändert. Die Haare sind dunkler geworden, sie entsprechen jetzt etwa ihrer Naturfarbe: mittelbraun. Und seine Mähne ist gestutzt. Seine Vergangenheit hingegen wuchert immer noch. Denn er ist nur aufgetreten, um sich zu verabschieden. Kopfgeldjäger sind hinter ihm her. Er muß die Rebellen verlassen.

Das hört insbesondere Prinzessin Leia nicht gern, die von Han nur mit »Höchstwohlgeborene« betitelt wird. Eine ironische Schutzhandlung des Proleten Han Solo, der vielleicht ein Gefühlchen zu viel für sie besitzt, aber gleichzeitig eine schwere Packung Klassenbewußtsein mit sich herumträgt.

Solo will verschwinden. Aber als er hört, daß sein »Kumpel« Luke draußen in der Eiseskälte verschwunden ist, bleibt er noch und sucht nach dem Anführer der Rebellen.

Han Solo ist zwar ein großmäuliger Söldnertyp, aber in seinem Inneren schlägt ein Herz aus Gold.

Im zweiten Teil der Star-Wars-Saga, »Das Imperium schlägt zurück«, entwickelte sich Han Solo zum galaktischen Liebhaber. Carry Fisher dankte es ihm mit Liebesblicken.

Draußen in der Kälte, auf dem Rücken des eiserprobten »Tauntaun«, wirkt Harrison Ford wie ein intergalaktischer Eskimo. Und kurz bevor Luke zu einem Eisblock erstarrt, findet er ihn. Zuvor erschien dem Jungen sein alter Lehrmeister Ben Kenobi, der ihm prophezeit, zum Degobah-System zu gehen, um dort vom alten Yoda in der Philosophie der Jedi-Ritterschaft unterrichtet zu werden. Kenobi verschwindet wie eine Fata Morgana, statt seiner löst sich Han Solo aus Fleisch und Blut aus der Silhouette.

Solo rettet dem Freund das Leben. Erst in einem heißen Rundumbad, das einem gigantischen Eierkocher gleicht, wird Luke wieder aufgetaut.

Anschließend gibt es eins der inzwischen häufigen Scharmützel zwischen Solo und der Prinzessin, die sich offenbar lieben. Aber sie sind zu stolz, es zuzugeben. Beschimpfungen und liebevolle Schmelzblicke zwischen den beiden wechseln sich ab. Han Solo spielt den abgebrühten Profi, auch in Liebesdingen.

Aber für die Romanze ist im Universum ohnehin wenig Zeit. Denn schon wird ein imperialer Code empfangen, der nichts Gutes ahnen läßt. C-3P0, der 6 Millionen Kommunikationsprogramme beherrscht, entschlüsselt die Funkgeräusche, und schon ist Han Solo wieder auf Achse. Er scheint inzwischen so etwas wie der erste Einsatzleiter für Sonderunternehmen geworden zu sein.

Solo und Chewbacca schießen den imperialen Suchdroiden ab. Die fällige Evakuierung des Eisplaneten wird sofort eingeleitet.

Auch bei diesen Arbeiten steht Solo im Mittelpunkt. Er ist eben ein Tausendsassa. Lässig steht er da, auf den Aufbauten eines Raumgleiters, Schraubenzieher und Lötkolben in der Hand, Laserpistole an der Hüfte, in Schaftstiefeln und Lederjacke. Mechaniker, Cowboy und intergalaktisches

Lasergehirn in einem. Dazu noch der Liebling der Frauen – ein Weltwunder.

In dieser Sequenz fängt ihn die Kamera in einer für diese Figur typischen Charakterisierung ein. Zunächst sehen wir ihn in einer Halbtotalen, in lässiger Pose. Dann Schnitt auf nah: er spricht mit seinem Freund Luke, der gleichzeitig auch sein Nebenbuhler bei Leia ist. Dann noch einmal Schnitt, und wir können in Großaufnahme Han Solos Gesicht sehen, das Sorgen und Anteilnahme ausdrückt. Fazit: der großmäulige Weltall-Held ist Han Solo nur auf den ersten Blick. Auf den zweiten Blick wird er immer sympathischer. Und auf den dritten Blick möchte man ihn unbedingt zum Freund haben.

Harrison Ford ist für jede Einstellung gut. Er liefert dem unbestechlichen Kameraauge das Bild, das es braucht, um diesen Charakter zu belichten. Er überzeugt sozusagen als Darsteller von nah und von fern.

Die Flotte der Rebellen verläßt Hoth, durchstößt das Energiefeld des Planeten und scharmützelt im Milchstraßen-Format mit den Kampfschiffen des Imperiums. Die Imperialisten sind zwar weit überlegen, aber die Energiegeneratoren der Rebellen sind auch nicht von Pappe. Das bestätigt sogar Chewbacca, von allen nur liebevoll »Chewy« genannt, durch ein fachmännisches Fauchen.

Nach der Ionenkontrolle feuern die Kanonen der Rebellen aus Unterständen, die Iglus gleichen. Was die Rebellen aufbieten, sieht auf sympathische Weise aus wie handwerkliches 19. Jahrhundert gegen das Jahrmillionen bessere System der Strategen vom Imperium. Aber sie besitzen außerdem Idealismus und Mut. Das sind im Weltall-Clinch nicht zu unterschätzende Eigenschaften.

Die folgenden Kampfszenen auf dem Planeten Hoth, zwischen den zurückgebliebenen Rebellentruppen und impe-

Han Solo, der Pirat der Milchstraße ist in »Das Imperium schlägt zurück« von der ersten Sequenz an mit von der Partie.

rialen Streitkräften, gleichen Bildern aus dem russischen Winterkrieg bei Stalingrad, plus Laserkanonen und elektronischen Riesenwalkers, die der Designer Ralph McQuarrie entwarf. Han Solo hantiert noch immer mit dem Schraubenzieher herum, um auch seinen Millenium-Falken flugtüchtig zu machen. Die Evakuierungszeit wird immer knapper.

Mit dem letzten der Transporter verlassen Solo, Leia und die beiden Droiden C-3P0 und R2D2 den Planeten. Und schon taucht der schreckliche Darth Vader in den Eiskanälen von Hoth auf, die unterirdischen Bob-Bahnen gleichen, so wie alles in diesem Film nach dem erklärten Willen seines Schöpfers George Lucas irdischen Verhältnissen gleicht – nur in den Weltraum transportiert.

Mit seinem Schrotthaufen, dem Millenium-Falken, durchbricht Han Solo anschließend die Blockade des Imperiums. »Das Prachtstück hat ein paar Überraschungen parat, Schätzchen«, tönt Solo gegenüber der Prinzessin. Seine respektlose Rede hat einen realen Hintergrund, denn er ist ein Raumtüftler von hohen Gnaden. Und er liebt seinen Motor mehr als jedes Mädchen. Han Solo wäre für jedes Road-Movie auf der Milchstraße gut gerüstet.

Hinter dem Steuerknüppel seines Weltall-Falken ist Han Solo besonders überzeugt von sich und seinen Fähigkeiten. Er benimmt sich fast unerträglich arrogant, ein Macho des Steuerknüppels. Aber dann gibt er zu, daß er in der Patsche sitzt. Ein System ist defekt, und die Agenten des Imperiums jagen hinter ihm her. Die Prinzessin hört das fast gern, denn gar zu lieb ist es ihr, den strotzenden Helden einmal in einer Niederlage zu erleben. Jetzt ist sie jedoch selbst betroffen davon.

Han Solo bedient im Dachbereich seines Raumkreuzers eigenhändig die horizontalen Schubaggregate. Der Flieger von altem Schrot und Korn gibt nichts aus der Hand. Und schon hat er wieder seinen geliebten Hydro-Schraubenschlüssel in den Fingern und verschwindet im Maschinenraum. Während sein Kahn fast mit Lichtgeschwindigkeit durchs All saust.

Er entkommt den Häschern durch ein Meteoritenfeld und beweist hier seine phänomenalen Flugkünste. Jetzt bewundert ihn die Prinzessin wirklich. Und er genießt das sichtlich.

Inzwischen landet Luke Skywalker auf dem Degobah-System. Hier sieht alles aus wie in Grimms Märchen. Fledermäuse sausen durch die Luft, die stickig ist wie in Rotkäppchens Wald nach einem Gewitterregen. Dieser Planet ist der Märchenwald der Phantasie.

Hier begegnet Luke dem weisen Runzelgnom Yoda, der sein Abendessen klaut und ihn danach in wunderbare Dinge einweiht.

Inzwischen ist Han Solo immer noch dabei, die Energiekopplung seines Raumkahns auszuwechseln. Er hantiert jetzt mit einer Rolle Elektrodraht, wie später auch Indiana Jones mit seiner Peitsche hantieren wird. Solos Draht ist genauso effektiv. Auch Prinzessin Leia packt mit an.

Und dann kommt es zum ersten intergalaktischen, von Katastrophen begleiteten Astralkuß zwischen Solo und Leia. In genau diesem Moment stürzt der Droide C-3P0 herein, um zu melden, daß er die Energierückleistungskopplung installiert habe. Aber was will der Störenfried schon ausrichten, wenn sich auch zwischen zwei menschlichen Individuen gerade eine Energierückleistungskopplung angebahnt hat.

Beim Überlebenskampf auf einem unbekannten Planeten nehmen der Mann Han Solo und die Frau Leia dann schnell wieder die alten, von Geschlechterrivalität geprägten Rollen ein. Sie bilden eine Kampfgemeinschaft gegen saugfeste Mynoks, riesige Schlund-Saurier und andere intergalaktische Nettigkeiten. Der gemeinsame Kampf prägt ihr Verhältnis auch weiterhin.

Luke spielt unterdessen Tarzan im Regenwald von Yodas Heimat. Er wird in allem unterwiesen, lernt das Wissen von Generationen und schwingt sich im Regenwald von Liane zu Liane, auf seinem Buckel den weisen Lehrer Yoda. Und der Robot R2D2 rollt mühevoll auf seinen mechanischen Rollschuhen hinterher. Noch nie war ein Zwergdroide in Dschungel und Sumpf so schnell unterwegs.

Luke lernt die dunkle Seite der MACHT kennen, die Seite der Versuchung und Verführung. Sie zeigt sich mit Trugbildern, Wahnvorstellungen, Schreckgespenstern. Doch er überwindet alle und damit auch die schwächliche Seite seines Charakters. Yoda ist ein exzellenter Schulmeister.

Han Solo sucht Zuflucht auf einer Minen-Kolonie, die sein ehemaliger Kumpel Lando inzwischen beherrscht. Der Kartenspieler und Schmuggler hat es zu etwas gebracht, das nutzt Solo jetzt aus. »Manchmal sind Sie unglaublich«, lobt ihn Leia, »zwar nicht sehr oft. Aber wenigstens ab und zu.«

Und während Luke weiterhin seine Kopfstände in Yodas Regenwald übt, um der MACHT teilhaftig zu werden, rast Han Solos Millenium-Falke quer durch das All und darf anschließend auf Plattform 327 des Planeten Bespin landen. Solo öffnet die Landeluke und schreitet wie ein kosmischer Django, mit wippender Laserpistole an der Seite, hinaus, um seinen »echt alten Kumpel« zu begrüßen.

Jetzt erweist sich, daß Solo sein Raumschiff im Kartenspiel von Lando »übernommen« hat. Ob es dabei mit rechten Dingen zuging, bleibt unklar. Lando ist jedenfalls nur halb angetan von dem Besuch. Diese Hälfte ist Prinzessin Leia.

Die »schnellste Schrottmühle in der gesamten Galaxis« wird von Landos Leuten repariert.

Aber währenddessen liefert der clevere Geschäftsmann der Minen-Kolonie, um seinen Betrieb weiterhin lukrativ zu halten, Han Solo und seine Freunde dem grausamen Lord Vader aus. Solo verrät unter Folter den Standort von Luke Skywalker, Chewbacca versucht unterdessen, den ramponierten Droiden C-3P0 zu reparieren.

Eine Viererbande im Weltall. Ford als ihr Dreh- und Angelpunkt.

Brüllaffe Chewy muß danach auch noch den mitgenomme-
nen Solo zusammenflicken. Ein Aufwasch.

Intrigant Vader leistet inzwischen ganze Arbeit. Luke wird
angelockt, weil er im mentalen Training erfuhr, daß seine
Freunde in der Wolkenstadt auf Bespin in Gefahr sind. Er
weiß nicht, daß Vader nur auf seinen Anflug wartet.

Han Solo wird in die Kohlenstaub-Gefrieranlage gesteckt. In
letzter Sekunde küßt er noch einmal die Prinzessin, und
echte Sehnsucht liegt auf seinen Abenteuer-Gesichtszügen.
»Ich liebe dich«, sagt sie. »Ich weiß«, sagt er. Dann schwebt
er abwärts. Solo.

Als er wieder auftaucht, ist er in Karbonit eingehüllt. Falls er
das Einfrieren überstanden hat, ist er dort sogar erst einmal
gut aufgehoben, wenn auch unerreichbar für die Prinzessin.
Er wird dem Kopfgeldjäger Boba Fett übergeben, einer
intergalaktischen Biomaschine, die im Auftrag von Solos
Gläubigern auf dessen Heimatplaneten handelt.

Luke hängt inzwischen am äußersten Rand der Wolkenkratzer von Wolkenstadt und blickt hinunter ins Endlose. Er
fightet mit Darth Vader, nur sein grenzenloser Haß kann den
Herrscher vernichten. Als er erfährt, daß Vader sein leib-
licher Vater ist, oder doch zumindest dessen funktionstüch-
tig gemachter Überrest, ist er höchst frustriert. Als ihm
Vater Vader auch noch die rechte Hand mit dem Laser-
schwert der Jedis abschlägt, gibt sich Luke auf. Aber er
wird vom Millenium-Falken gerettet, den jetzt Lando führt,
der die Seiten gewechselt hat.

Inzwischen ist jedoch der Hyperantrieb des Falken deaktiviert worden. Die Agenten des Imperiums sind daran
schuld. Und so schweben die Passagiere an Bord schon
wieder in Lebensgefahr. Aber Chewbacca schafft noch
rechtzeitig den Sprung über die Lichtschranke. Sie können
entweichen und starten, um Han Solo zu suchen.

Das Hin und Her in der Milchstraße endet offen. Wir sehen noch einmal die Parade der schönsten Luftschiffe, Lukes abgeschlagene Hand wird wieder anoperiert, und alles ist vorerst wieder in Ordnung.

Alle sind beisammen. Nur Han Solo fehlt.

Der Abenteurer I.

Harrison Ford als Dr. Jones in »Jäger des verlorenen Schatzes«

Die Expedition ist im vollen Gange. Gleißendes Licht über den Bergen. Der Dschungel ruft.

Indiana Jones tritt vor uns hin, die Kamera erfaßt ihn von hinten. Sein abenteuerlicher Kampfanzug hebt sich merkwürdig ab gegen das verschwitzte Drillich seiner Gefährten. Die Teerjacke aus braunem Leder verstärkt noch die seltsame Aura des Leiters der Expedition. Sein hoher Filzhut betont das Statuenhafte. Unaufhaltsam schreitet Indiana Jones voran. Während um ihn her die Feinde sich heranschleichen und wilde Tiere brüllen, kennt er nur ein Ziel: die unbekannte Zone mit den Tempeln zu erreichen. Südamerika. Wir schreiben das Jahr 1936.

Für den gemessenen Anfang von »Jäger des verlorenen Schatzes« – die ruhige, gleitende Kamera, die Männer im Halbdunkel des Waldes, die unheilvolle Musik, die spärlichen Indizien für den Hintergrund des Geschehens, – findet Harrison Ford in der Rolle des Indiana Jones gleich die richtigen Mittel. Er hält sich konsequent mit dem Rücken zur Kamera. Gegen Urwald oder Horizont zeichnet sich sein Umriß mit einer Gloriole aus Lichtstrahlen ab. Er spricht nicht. Nur einmal läßt er seine Peitsche sprechen. Und ein besonders hinterhältiger Expeditionsteilnehmer läßt daraufhin die Pistole fallen.

Nach diesem Vorfall verharrt die Kamera allerdings wie

bewundernd, mit einer nun hemmungslosen Neugier auf dem Gesicht dieses Mannes, das angespannt aussieht, voll konzentriert, ohne jede Regung. Ein Fanatiker, dessen Bartstoppeln ihm etwas Zwielichtiges verleihen; ein Mann, der zu handeln versteht.

Dann ist der Eingang einer Höhle erreicht. Noch immer weiß der Zuschauer nichts von den Geheimnissen, nach denen die Expedition sucht. Die Höhle, die »Indy« mit einem Fackelträger zusammen betritt, gleicht allen Höhlen des Abenteuers und Märchens. Spinnweben hängen von der Decke, nur die flackernde Fackel erhellt das diffuse Dunkel, Tropfsteine kathedralisieren das Gemäuer. Am Ende ein Licht. Der Gang weitet sich zu einem Raum. »Halt«, sagt Indiana Jones, nachdem er kaltblütig einige Taranteln von seines Gefährten Hals abschüttelte. »Halt!« Er hat die erste Falle mit dem Instinkt des Jägers entdeckt. Und Sekunden später fällt die Leiche eines unglücklichen Vorgängers in diesen unheiligen Hallen aus dem Felsen.

Indiana Jones zeigt noch immer keine Gefühlsregung. Ein Zucken im Gesicht von Harrison Ford ist die einzige Reaktion auf eine schon jetzt sich abzeichnende Anzahl von Gefahren, die jeden anderen vorzeitig zur Rückkehr zwänge. Noch immer steht »Indy« im Halbschatten. Im Moment höchster Anspannung stützt Harrison Ford – Zugabe ans Actionkino – die Arme in die Hüften, wobei er seinen Gürtel mit dem Revolver entblößt. So wie Humphrey Bogart in den Kriminalfilmen der »Schwarzen Serie« mit seinen sparsamen Mitteln arbeitete – Daumen im Hosenbund verhakt, Zupfen am Ohrläppchen, Blecken der Zähne usw. – so stoppt Ford das unheimliche Spannungsgeschehen für kurze Momente, durch kleine Ticks – er hält die Handlung an, um auf sich als darstellerischen Mittelpunkt aufmerksam zu machen.

Langsam streift er die Lederjacke zurück. Langsam fahren seine Fingerkuppen über den Revolverhalfter. Die Lippen zucken fast unmerklich. Seine Fingerspitzen allerdings vibrieren. Die ganze Spannung dieses Mannes, der das Abenteuer sucht, sitzt hier und entlädt sich nervös.

Und dann überschlagen sich die Ereignisse.

Ein Schrecken nach dem anderen bricht aus den Felsen, und erst im letzten Moment entkommt »Indy« mit einer Grabfigur aus schierem Gold, für die er seinen Hals riskierte, ins Freie. Allerdings, um hier von einem bösartigen Konkurrenten beraubt zu werden, für den er letztendlich die Dreckarbeit leistete.

Ein leise gehauchtes »Oh!« ist Harrison Fords einziger Kommentar zur neuen Misere. Und schon muß er erneut die Beine in die Hand nehmen, denn ein Indiostamm ist hinter ihm her.

Die Qualität dieser Figur Indiana Jones, zeigt sich schon hier am Anfang. Er vereint hohe Intelligenz, Fingerspitzengefühl, Instinkt mit der Fähigkeit zum sofortigen Handeln. Seine Muskeln sind intakt, in der Aktion schärft er seinen Verstand, er ist kein Intellektueller, der Denken und Handeln trennt. Der Professor ist gleichzeitig ein Actionheld.

Und jetzt, als alle Gefahren des Urwalds überwunden sind, zeigt »Indy« sogar hysterische Gefühle. Als er schon im rettenden Wasserflugzeug seines Kumpels sitzt und plötzlich eine Schlange in der Kabine entdeckt, flippt er beinahe aus. »Ich hasse Schlangen!!«, brüllt er den Piloten an. Doch der fliegt einfach eine Kurve und gewinnt an Höhe.

Ein Schnitt und ein Schock. In der anschließenden Sequenz sehen wir Indiana Jones an der Tafel eines englischen Hörsaals, wo der Archäologie-Professor seinen Studenten das Neolithikum erklärt. Er trägt eine randlose Brille, grauen Flanell, Schlips und Kragen. Sein Kinn ist glattrasiert, die

Indy tauscht die heilige Reliquie gegen einen Sandsack. Doch damit beginnen die Abenteuer für Indiana Jones erst.

Haare sind frisiert, die Weste sitzt tadellos. Er macht eine gute Figur, die weiblichen Studenten himmeln ihn an. Am Donnerstag, in der Sprechstunde, wird er sie alle wiedersehen.

Vorher muß er sich jedoch mit Experten des Geheimdienstes auseinandersetzen, die den Fachmann für Okkultismus reichlich geheimnisvoll finden. Schließlich ist er auch

Fords Zugabe ans Actionskino: der Indiana Jones.

»Beschaffer seltener Antiquitäten«, und das verstößt gegen gewisse Konventionen des internationalen Umgangs.

Harrison Ford versteckt die Hände in den Taschen, lächelt schief sein Ford-Grinsen und macht weiterhin eine gute Figur. Geheimdienstagenten gehören nicht zu den unüberwindlichen Gefahren. »Ja«, er hat in Chicago studiert. »Ja«, er hat sich mit seinem Lehrer überworfen. »Nein«, wo der sich aufhält, weiß er nicht.

Harrison Ford sieht in Großaufnahme aus wie ein erstaunter Student. Seine glattgescheitelten Haare geben ihm sogar etwas Pennälerhaftes. Tut er nur so, oder ist er wirklich ahnungslos? Macht ihn der Hörsaal wirklich zu einem zerstreuten Professor, der erst im Dschungel wieder den Instinkt eines wilden Tieres entwickelt?

Die beiden Herren vom Geheimdienst klären »Indy« auf. Nazis suchen auf der ganzen Welt nach archäologischen Kostbarkeiten. Jetzt gerade in der Wüste vor Kairo. Weiß »Indy« nichts davon? Nein! Wenn er nicht im Dschungel ist, denkt er nur an seine Sprechstunde am Donnerstag.

Doch mit den Worten der Geheimdienstler weht der Geruch des Abenteuers in den Hörsaal. Die Nazis haben anscheinend den Ort entdeckt, an dem die Hebräer die goldene Bundeslade versteckten. Sie enthält die Originale der Steintafeln mit den zehn Geboten. Das wußten nicht einmal die Agenten. Indiana Jones ist aufgewühlt. Der durch einen Sandsturm vor Jahrhunderten verwehte Ort mit den heiligen Inschriften soll jetzt entdeckt worden sein?

Langsam wird ihm auch Hitlers Interesse an der Bundeslade klar. Nach der Legende soll darin die Macht Gottes wohnen, die Berge abtragen und ganze Regionen in Zorn verwüsten kann. Die Bundeslade als Kriegswaffe! Darauf kann nur ein krankes Gehirn kommen. Indys Augen blitzen hinter der Brille.

Doch er wäre nicht der Mann, der er ist, wenn er daraus nicht die richtigen Schlüsse zöge.

Er wird es sein, der die Lade sucht, bezahlt wird er dafür auch ordentlich. Und ein Museum in England, das seine Sympathien besitzt, wird neuer Standort des Heiligtums der Hebräer werden.

So wie Harrison Ford die folgende Sequenz spielt, heimst er Sympathien für diesen Indiana Jones ein. Er läuft aufgeregt wie ein Kleinkind in seiner Wohnung umher, wirft die Arme vor Freude in die Luft. Er gießt sich und seinem Freund Sekt ein und zappelt dann aus dem Bildausschnitt heraus. Wenn die Kamera ihm hinterherschwenkt, packt er schon die Koffer. Er ist ein Kerl schneller Entschlüsse, mit kindlichem Abenteuersinn, bei spontanen Entschlüssen überhaupt nicht zu bremsen.

Als erstes packt er die Peitsche ein, dann erst das Unterhemd. Zur Vorsicht auch noch den 45er Revolver. Dabei lacht er laut und breit. Ja, so wie Harrison Ford diese Sequenz spielt, identifiziert man sich sofort mit Indiana Jones.

Und schon ist er fertig für die Reise. Er macht keine großen Umwege. Im Flugzeug der PanAm macht er es sich bequem. Schiebt den Filzhut ins Genick, lockert die Krawatte. Und während hinter einem Exemplar des LIFE-Magazins der erste Verfolger hervorlinst, huscht über Harrison Fords Gesicht ein flüchtiges Lächeln der Vorfreude auf neue Abenteuer. Dieser Mann hat wirklich kein Sitzfleisch. Und noch während das Flugzeug abhebt, schläft Indiana Jones, unschuldig wie ein Kind, ein.

In Nepal fällt sein Schatten zuerst auf eine schmuddelige Wand. Sie gehört zu einem Wirtshaus, in dem soeben die ehemalige Geliebte von Indiana Jones einen Saufwettbewerb gewann. »Hallo, Marion«, sagt der Schatten, und die

Angeredete lacht, nachdem ihr erster Schreck verflogen ist. »Ich wußte immer, daß du eines Tages durch meine Tür zurückkommen würdest«, sagt sie. Und auch Indiana Jones lacht unter seinem großkrempigen Hut. Er ist schon wieder in Dienstkleidung. Das Abenteuer ist also nicht weit. Vielleicht sogar schon hier, in diesem Wirtshaus?

Ein Kinnhaken seiner Ehemaligen beweist, daß »Indy« am richtigen Ort ist. Action ist angesagt. Er steckt den Schlag weg, der nicht nur einem Mann galt, der Heiligtümer ausraubt. »Was ich getan habe, das habe ich getan«, sagt er, »ich verlange nicht, daß du darüber glücklich bist.«

Er ist auch diesmal nicht hier, um Süßholz zu raspeln. Ein Kerl wie er ist immer im Dienst. Marion soll ihm bei den Vorbereitungen zur »Aktion Bundeslade« helfen. Er steckt ihr 3.000 Dollar zu. Damit könnte sie fort aus diesem schäbigen Wirtshaus. So wie »Indy« mit ihr umgeht, weiß sie ohnehin, daß keine wirkliche Romanze mit ihm möglich ist. Und sie hat recht, denn noch bevor der Abend rum ist, steht ihr Haus in Flammen, eine Horde mordlüsterner Nazis versucht sie zu foltern und zu töten, und sie erschießt mehrere Menschen. »Indy« ist da, und sie sagt: »Mann, du hast es wirklich drauf, einer Lady einen schönen Abend zu bereiten.« Und Indiana Jones lacht erneut.

Sie überreicht ihm das fragliche Amulett, daß er sucht, und schon sitzt der Archäologie-Professor mit dem rasenden Düsenantrieb erneut im Flugzeug und jettet zum anderen Ende der Welt. In Kairo steigt er aus. Und Marion ist an seiner Seite.

Aber hier hat er kaum die nötigsten Informationen eingeholt und auf dem Markt eingekauft, da sind schon die Häscher des Dritten Reiches hinter ihm her. Aus dem Archäologen wird ein Dauerläufer. Seine Verteidigungs-Rundschläge sind eher unprofessionell. Er beherrscht weder Karate noch

In »Jäger des verlorenen Schatzes« springt Ford von einer Gefahr in die nächste und wechselt die Kostüme wie die Feinde.

die Doppelschwinger des Boxrings. Aber er legt sich mit ganzer Kraft ins Zeug. Mut ist seine stärkste Waffe. Und er hat das Glück, das einer braucht, der verletzlich ist. Das ist die beste Seite dieser Figur, die Harrison Ford spielt: sie ist nicht allmächtig. Man kann Angst um sie haben. Jeder andere Muskelmann aus Hollywood hätte diese Nuance kaputtgeprügelt. Ford betont sie eher noch. Sein Unschuldsgesicht sagt: ich bin nicht scharf darauf, in den Schlamassel zu geraten.

Aber wenn er schon mal drin ist, dann gibt er Zunder, so gut es ein Archäologie-Professor eben kann.

Vor allem die Peitsche, neben dem Mut seine beste Waffe, ist sehr wirkungsvoll, sie hält die Feinde auf Distanz und knallt auch noch sportiv. Töten wird Indiana Jones allerdings mit dem Revolver. Das tut er wie nebenbei und angeekelt. Aber er tut's. Da hört der Sport auf.

Wie gesagt: Es ist Harrison Ford zu verdanken, daß aus Indiana Jones kein Supermann wurde. Nicht auszudenken, wie Sylvester Stallone diesen Mann gespielt hätte. Bei Ford spürt der Zuschauer etwas vom Alltagshelden, der nicht stillsitzen kann und deshalb das Abenteuer anzieht, wie das Licht die Motten. Der sich mit dem ganzen Körper ins Ereignis stürzt, ohne daß er darauf getrimmt worden ist. Ein unbändig Lebenslustiger, der zu Hause ordentlich seinen Beamtenjob ausübt und danach in Wüste, Felsmassiv und Urwald ausbricht.

Und wenn er leidet, wie nach der Sequenz, als er Marion im Getümmel mit den Nazi-Schergen verliert und sich halb an ihrem Sterben schuld fühlt, dann trinkt er eine Flasche Whisky aus, und seine Miene gleicht der eines ganz und gar verstockten Lauselümmels, dem man das Spielzeug nahm. Und nun will er nur eins: dumpf vor sich hin grübeln.

So bockig und verstockt wie er sein kann, ist er auch gleich beliebt bei Kindern. Arabische Kinder retten ihn vor den Schergen, indem sie sich wie ein Schutzschild um seinen von Gewehren bedrohten Körper drängen und ihn in Sicherheit bringen. In solchen militärischen Gefahrensituationen können Kinder wirkungsvoller sein als die US-Marines. Zumindest lösen sie selbst bei eiskalten Killern so etwas wie ein Gefühl aus.

Inzwischen ist »Indy« bei den Ausgrabungsstätten gelandet. Als Einheimischer verkleidet, dringt er in eine Grabkammer ein, ohne daß die Bewachungsmannschaften das merken; er pflanzt den Pfahl mit dem Amulett von Marion an der richtigen Stelle ein. Als die Sonne drauf fällt, zeigt ihm der gebündelte Lichtstrahl den Weg zur Bundeslade, zur »Quelle der Seele«.

In diesem Moment leuchten Harrison Fords graublaue Augen auf, als würde die tiefstehende Sonne Ägyptens mit der ganzen Kraft eines Sommermittags sich in ihnen spiegeln. Von seiner Stirn perlt der Schweiß des Orients, und unter dem Eindruck der althebräischen Geheimnisse öffnet sich sein Mund voller Bewunderung: er hat den Standort der Bundeslade gefunden.

Sein Forscherherz schlägt unbändig. Indiana Jones schreitet unaufhaltsam voran. Und Harrison Ford tut sein Bestes, um mit ihm Schritt zu halten. Denn sein alter ego ist an dieser Stelle der Story wirklich gut drauf.

»Indy« kraxelt die Sandberge der Sahara hinauf. Mit einem Spaten bewaffnet, beginnt er zu graben. Bei Sonnenuntergang ist die Arbeit noch im Gange. Die Silhouette von Jones steht abenteuerlich vor dem riesigen, roten Sonnenball. Die Nacht bricht heran, und langsam bekommt das Geschehen biblische Züge. Ein Gewitter fährt herab. Als die Grabenden auf Stein stoßen, fährt ein Blitz in den Wüstensand.

Wie weiland Moses auf dem Berg Sinai, der die Gesetzestafeln von Gott persönlich in Empfang nahm, steht nun Indiana Jones auf der Anhöhe, im Begriff, dieselben Tafeln mit den zehn Geboten wieder in Empfang zu nehmen: aus dem mütterlichen, warmen Wüstensand, wo sie 3000 Jahre lang ruhten. Und wieder ringt einer mit Gott. Der Sturm wird stärker, die Wolken dräuen, Blitze zucken, und es ist, als spräche der Herr erneut aus dem Dornbusch.

Dann ist der Eingang zum Versteck der Lade freigelegt. Auf dem Boden der Höhle tummeln sich jedoch tausend Nattern, bereit, sich auf Indiana Jones zu stürzen. Auf den Archäologie-Professor, der die Schlangen haßt.

Auf den letzten Metern nach unten stürzt er ab und findet sich auf gleicher Höhe mit den Schlangen wieder, Auge in Auge mit einer Königskobra. Sein Entsetzen ist gut gespielt. Wir zittern mit Indiana Jones.

Sein Ekel vor dem schleimigen Viechzeug bringt uns diesen Helden mit dem alltäglichen Haß erneut näher.

Harrison Ford wirkt hier in der Grabkammer, kurz bevor sich der Vorhang vor einem ungelösten Geheimnis öffnet, wie ein Mann, der alle Gefahren dieser Welt schon durchlebt hat. Vor allem seine Kleidung sieht danach aus. Er ist nicht glamourös. Seine Lederjacke wirkt abgewetzt, er braucht sie nicht vorgerben lassen. Er schabt sich auch so an allen Ecken und Kanten der archäologischen Welt.

Der scharfe Sandstein tut ein übriges. Bald sieht Ford wie ein Stadtstreicher aus, der sich – es ist gerade Morgen – unter einer Seinebrücke aufrappelt. Daß dieser Eindruck täuscht, beweist Indiana Jones damit, wie er nun den Tisch, unter dem die Bundeslade sich befindet, mit vereinten Kräften seines Begleiters emporstemmt.

Doch wieder kommen ihm die Gegenspieler zuvor. Und ehe sich der Archäologe versieht, ist die rettende Leine nach oben eingezogen, seine Freundin Marion, die – O Wunder! –

doch nicht starb, zu ihm in die Höhle mit den Schlangen hinuntergestoßen und die Luke verschlossen worden. Eine neue, 3000jährige Nacht wartet auf das Paar, das bisher nicht so recht zusammen kommen konnte.

Die panische Angst, lebendig mit den Nattern begraben zu sein, veranschaulichen Harrison Ford und seine Partnerin Karen Allen auf komische Weise. Das Entsetzen weckt ihre Überlebensinstinkte. Und diese kümmern sich nicht um Etikette, auch nicht um die des Action-Genres, der zufolge Held und Heldin romantisch und stolz zu sein haben. »Indy« und seine Freundin wollen instinktiv nach oben, ins Freie, keinesfalls nach unten, in die Schlangengrube. In grotesken Verrenkungen verknäulen sie sich ineinander.

Von oben gesehen das letzte Bild, das sie abgeben: Ein seltsam verrenktes Liebespaar, in panischer Überlebensangst. Urkomisch zum Paarmonster verhakt, einer auf dem Buckel des anderen. Und Indiana Jones grinst. Was bleibt ihm auch anderes übrig?

In der nächsten Einstellung nimmt die Kamera die Position der Eingeschlossenen und nicht die ihrer Verfolger ein. Wir danken es ihr, denn jetzt können wir erleben, wie das bedauerliche Paar einen Ausweg aus einer aussichtslosen Situation sucht. Wird es das schaffen?

An diesem Punkt hat der Film das Publikum fest im Griff.

Es macht die Qualität der Spielbergschen Inszenierung aus, daß sie Ironie und Humor nicht vergißt. Verbissenes Heldentum ist nicht Sache dieses Regisseurs.

Allein in der Grabkammer, scheinbar auf immer eingeschlossen, beginnt das Paar, sich zu streiten. Er macht ihr bissige Vorwürfe wegen ihrer angeblich anzweifelbaren Treue. Sie wirft ihm seine ständige Abwesenheit vor. Nebenbei müssen sie sich die Giftschlangen vom Leib halten, die immer näher rücken.

»Wie kommen wir hier 'raus!?« will das Mädchen wissen. »Ich arbeite dran, ich arbeite dran«, versetzt »Indy«. Der Forscher ist immer im Einsatz, und er findet auch einen Ausweg. Unbeeindruckt vom Ansturm ganzer Skelettarmeen, die plötzlich aus dem Felsen brechen, und vom Entsetzen seiner Begleiterin, tüftelt er eine Möglichkeit aus, den ungastlichen Ort zu verlassen. Ein Archäologe muß ans Licht, selbst wenn es ihn zeitweise ins Dunkel hinabzieht. Und er schafft das auch.

Es macht den Erfolg von Harrison Ford aus, daß er als Indiana Jones ständig von einer Gefahr in die nächste gerät. Er agiert wie die Chargen aus Kintopp-Zeiten, die als ausgestanzte Holzschnitzfiguren ohne Psychologie und Individualität, nur der Typologie des Kintopps verpflichtet, ein Klischee nach dem anderen absolvierten. Und er bleibt dennoch glaubwürdig.

Das macht sein ironisches Spiel aus. Seine auffällig gradlinige Darstellung liefert das Gespieltwerden einer Rolle immer gleich mit. Ford zeigt, daß er den Indiana Jones nur darstellt, ohne auf den alten Trick zurückzugreifen: den augenzwinkernden Blick in die Kamera. Das hat er nicht nötig, er weiß, daß die Kamera auch so ununterbrochen auf ihn gerichtet ist. Und genau d a s spielt er mit.

So auch jetzt, als er auf einem großen Grauen dem Lastwagen der Nazis hinterherjagt, der die Bundeslade nach Kairo bringt. Wie weiland Zorro fliegt Indy durch ein Spalier weißgekleideter Araber, die ihm bewundernd hinterherschauen. Er badet im Volk, er vertritt zwar nicht ihre Interessen, aber die einfachen Leute spüren, daß er ein guter Mann ist. Ein einwandfreier Held. Gemacht fürs Kinovolk.

Er ist schneller als seine Feinde, denn er reitet querfeldein durch die Wüste. Siegesfontänen aus Sand wirbeln empor, wenn er da hindurch prescht. Und dann schwingt er sich einfach auf den Laster – in voller Fahrt vom Pferd herüber –, wirft den Fahrer hinaus, grinst sein Grinsen wie einst Eddie Constantine, bevor der die Blondine küßte oder Kinnhaken servierte – und weiter!

Die nächsten Verfolger im Jeep rammt er wie auf einer Autoscooter-Piste – erledigt! Als er auch noch zwei bewaffnete Soldaten im Motorrad mit Beiwagen abservieren muß, schlägt er nur ganz kurz mit dem Steuerrad nach links aus, grinst boshaft, und die Kamera zeigt das Resultat: die Deutschen in der Pfütze. Indiana Jones beim Action-Spiel. Harrison Ford wie ein großer Junge am Steuer seines ersten Autos, noch ohne Führerschein.

Dann erwischt es ihn doch noch. Eine Kugel steckt in seiner Schulter, und ein Nazi-Soldat wirft ihn aus dem Führerhaus des LKW's. Gerade noch kann sich »Indy« am Mercedesstern des Kühlers festkrallen, er schmuggelt sich unter dem Wagen hindurch und kommt erneut von hinten. Jetzt hat sein Feind keine Chance mehr und landet dort, wo vorher Indiana Jones landete, nämlich draußen.

Indiana Jones ist in dieser Verfolgungs-Sequenz nicht zu bremsen. Seine Fahrkünste sind korrekt. Angeschossen, waidwund, wird er noch gefährlicher. Er schlägt um sich. Dagegen ist kein Nazi-Kraut gewachsen.

Als die Sonne untergegangen ist, kann das Schiff mit der Lade an Bord nach Europa ablegen. Der Kapitän meint: »Mr. Jones, ich habe schon viel von Ihnen gehört, und Sie sehen genau so aus, wie ich Sie mir vorgestellt habe!« Und tatsächlich, so wie Harrison Ford ins Bild kommt, gleicht er dem Abenteurer, den man am Ende eines Abenteuerfilms erwartet: zerlumpt, blutend, erschöpft, aber unbesiegt. Und an seiner Hand die ebenfalls erschöpfte, aber glückliche Braut.

Einem Darsteller wie Ford entgleisen die Gesichtszüge nie. Er ist deshalb ideal für Actionszenen.

Indiana Jones leckt in der Schiffskabine seine Wunden. »Du bist nicht der Mann, den ich vor zehn Jahren kennenlernte«, sagt Marion. »Ich komme in die Jahre, Schätzchen, das ist Materialverschleiß«, antwortet Jones. Aber damit gibt sich Marion nicht zufrieden.

»Wo tut es dir nicht weh?« will sie wissen, und er deutet auf den Ellenbogen. Doch als sie darauf ihre Lippen drückt, fallen ihm noch viele andere Stellen ein.

Harrison Fords Spiel lebt auch in dieser Sequenz vom mimischen Minimalismus. Er gleicht einem angeschlagenen Boxer, dem Dutzend Schläge den differenzierten Ausdruck eingeebnet haben. Aber gerade im Verzicht auf Grimassen wird dieses Gesicht eindrucksvoll. Es wird optimal inszeniert.

Es dauert nicht lange, und die Handlung nimmt noch einmal Fahrt auf.

Jetzt sind wieder die Muskeln gefragt und nicht der Gesichtsausdruck. Noch einmal muß Indiana Jones seiner Kiste mit der Bundeslade hinterher, diesmal auf einem U-Boot. Der Countdown läuft, die Deutschen sind auf dem Weg zur Weltherrschaft. Da kann unser Abenteuer-Freak nicht tatenlos zusehen.

Die Wunden sind vergessen, eine neue Runde ist eingeläutet. Jones sucht eine Tarnung, doch eine deutsche Soldatenjacke paßt ihm dafür nicht, sie spannt über der Brust. Dieser englische Archäologie-Professor hat eine andere Kragenweite.

Kurz vor dem Einsatz sieht Harrison Ford wieder aus wie ein harmloser Archäologie-Student. Wird er vom Feind ertappt, schaut er ihn ängstlich an, duckt sich unter seinen bösen Blicken weg. Doch das ist sein taktisches Verhalten, mit dem er Zeit gewinnt, den Angriff vorzubereiten. Auch in der Aktion beschränkt sich Ford auf minimalen Ausdruck. Er ist zwar ein Star, der seine Figur absolut veräußerlichen kann, im Spiel mit den Requisiten einen Charakter aufbaut. Aber er hält alle Gesten diszipliniert unter Kontrolle. Ein Blick genügt, und der Zuschauer weiß Bescheid, wie es weitergehen wird. Ein Zucken der Mundwinkel, und der Gegner ist so gut wie erledigt.

Selbst gegen Ende des Films behält er diese Kontrolle seiner darstellerischen Mittel bei. Und da treten immerhin die himmlischen Heerschaaren auf, um sich die Bundeslade zurückzuholen bzw. ihre Räuber zu strafen. Harrison Ford schwitzt zwar bei diesem Ausbruch göttlicher Gewalten, doch er ist schnell wieder ganz gefaßt.

Einem Darsteller wie ihm entgleisen die Gesichtszüge nie. Er macht sich deshalb gut in der Action. Zuverlässig in jeder Weise. Als Mann, als Abenteurer, als Darsteller.

Der Einzelgänger

Harrison Ford als Phil Deckard in »Der Blade Runner«

Anfang des 21. Jahrhunderts gibt es Roboter, die dem Menschen völlig identisch sind. Sie heißen Replikanten. Diese künstlichen Menschen der Phase »Nexus 6« sind ebenso intelligent wie die Genetik-Ingenieure, die sie entwickelten. Aber sie haben nur eine Lebenserwartung von ca. vier Jahren. Nach einer Meuterei im Weltall dringen die besten der überlebenden Replikanten zur Erde vor. Hier werden sie von sogenannten Blade Runner-Einheiten der Polizei gejagt. Und »aus dem Verkehr gezogen«.

Einer der Blade Runner, allerdings außer Diensten, ist Dekkard. Wir schreiben den November 2019, wir befinden uns in Los Angeles.

Es regnet in Strömen, und Deckard sitzt in Chinatown. Im Lärm der Fernsehempfänger, der gigantischen tönenden Werbeflächen und fliegenden TV-Stationen, der Verkäufer und Menschen aller Nationalitäten sitzt er auf der Straße vor einem Schaufenster und studiert die Zeitung.

Über seinem Kopf schwebt ein Propaganda-Helikopter hinweg, der von den ungeheuren Möglichkeiten in den Weltraum-Kolonien schwärmt. Deckard hat dafür nur ein verächtliches Grinsen übrig. Er sucht einen Job als Killer, doch die Stellenanzeigen bieten nichts Vergleichbares an. Dekkard war Killer, im Dienst der Polizei. Jetzt ißt er Nudeln bei einem Chinesen.

Genaugenommen ißt er Nudeln mit kaltem Fisch. Und genau so hat seine Ex-Frau ihn immer genannt: kalter Fisch. Deckard wetzt die Stäbchen und langt zu. Sein Gesicht ist ausdruckslos.

Ein Leutnant der Polizei unterbricht seine Mahlzeit. Deckards ehemaliger Chef Bryant will ihn sprechen. Im Police-Helikopter 995 entschweben beide und landen auf dem Dach des Polizei-Hauptquartiers. Die Schale Nudeln ißt Deckard dabei immer noch. Er scheint wirklich ein kalter Fisch zu sein.

Er scheint auch schon einiges hinter sich zu haben. Sein Schritt ist schwer, seine Augen dunkel. Eine Narbe ziert das energische Kinn. Der Rest ist schnell beschrieben: kurzes, braunes Haar, offene Stirn, feste Gesichtsmuskulatur, starke Nase, starke Oberlippe. Unauffällig in Braun-, Grau- und Schwarztöne gekleidet.

Ein Mann, dem man ansieht, daß er vom Töten die Nase voll hat. Aber zur Not lieber Täter ist als Opfer. Und als der Polizeichef ihm andeutet, er werde abserviert werden, wenn er den Job nicht annimmt, die geflohenen Replikanten zu töten, springt er auf den Zug auf.

Deckard ist wieder im Geschäft.

Der erste Weg führt ihn zu Tyrell, dessen Corporation genetische Experimente durchführt. Er führt dem Chef seinen Test vor, mit dem Replikanten ausfindig zu machen sind.

In den Säulenhallen der Tyrell-Suite fliegt eine Eule, das antike Symbol der Weisheit, durch die Räume, die matte Sonne scheint von fern durch den ewigen Smog der Stadt. Der Himmel liegt in rötlichem Dunst. Und davor die Silhouette von Deckard, dem wortkargen Blade Runner, der die Hände in die Hosentaschen schiebt und abwartet.

Sein Test an Rachel, der rechten Hand Tyrells, hat Erfolg. Allerdings einen anderen, als Deckard dachte. Denn Rachel

Als Deckard, der Replikanten-Killer im Dienst der Polizei von Los Angeles.

erweist sich als Replikantin, als eine so hochentwickelte, daß sie selbst davon nichts weiß.

Sie besitzt eine Vergangenheit, die man ihr als Erinnerung einprogrammierte. Also ein emotionales Polster, das ihre beginnende Eigenständigkeit abfängt. Deckard ist baß erstaunt. Wenn Replikanten schon so weit sind, macht das seine Arbeit nicht leichter.

Harrison Ford geht als grauer Schatten durch die Stadtkulisse von Los Angeles. Nichts an ihm wirkt außergewöhnlich. Sein diskretes Auftreten, die matten Farben seiner Erscheinung machen aus ihm einen äußerst angepaßten Bewohner dieser Stadt, die anscheinend nur Halbdunkel, Smog, mattes Licht, Regen und Rauchschwaden von den Industriegiganten in den Trabantenstädten kennt.

Er gleitet durch Straßen und Räume, wirkt wie ein Mann mit langer Vergangenheit, wie einer, der alles schon einmal erlebte, einer, der an jedem Ort schon einmal war. Resignation sitzt in seinen Augen und Mundwinkeln. Harrison Ford, der Blade Runner Deckard, ist ideal für seinen Job: er wird zum festen Bestandteil des Milieus, niemand erkennt ihn. Der unauffällige Held.

Und anonym will er auch bleiben. Das erleichtert seine Arbeit. Andererseits: In dieser Stadt der Gegensätze und Extreme, des Chaos', der absoluten Überwachung auf sich aufmerksam zu machen, wäre ohnehin schwer. Kaum ist etwas geschehen, ist es schon vergessen. Die ständige vorgeschrittene Halbnacht erleichtert die Anonymität.

Und Harrison Ford ist genau der richtige Schauspieler, um diesem Blade Runner die angemessene Statur zu verleihen. Er ist kein Star der Extreme. Er tut seinen Job. Er scheint immer Harrison Ford zu bleiben, auch jetzt und hier, im 21. Jahrhundert. Es gibt nichts, was an ihm besonders bemerkenswert wäre, außer daß er in seiner Durchschnittlichkeit vollkommen ist. Nicht er bestimmt die Handlung des Films, sondern die Handlung bestimmt sein Verhalten. Er ist ein Darsteller, an dem sich die Elemente einer Handlung umso stärker kristallisieren. Die Inszenierung des Films, seine Bilder saugen das Spiel des Darstellers Ford fast völlig auf – und gerade deshalb ist ein Film mit dem heimlichen Superstar immer ein vollendeter Ford-Film. Seine Erscheinung und sein minimales Spiel prägen den Film vollkommen.

Aber es muß schon etwas passieren. Ein Darsteller von Salon-Komödien oder Melodramen ist Harrison Ford nicht. In »Der Blade Runner« geschieht unaufhörlich Bemerkenswertes. Und das kommt Ford entgegen. Er schlüpft in die Aktion wie in einen neuen Anzug.

Schon steht er wieder auf unsicherem Terrain. In dem Hotel, das einer der meuternden Replikanten bewohnte, sucht er nach Spuren. Hier ist er nur als Silhouette zu sehen: ein Bulle im grauen Flanell, der observiert. Untergetaucht in einem Fall.

Die Spur führt wieder nach Chinatown, in einen Nachtclub, zu einer Tänzerin, die den Schlangentanz tanzt. Dort kommt der Actionheld zu sich selbst: er handelt blitzschnell und tötet eine Replikantin.

Doch zuvor ertappen wir ihn beim Privatleben. In seiner mausgrauen Wohnung, in die nur spärliches Licht einsickert, entspannt er sich. Er ist todmüde. Und dann steht da auch noch Rachel vor der Tür. Wer läßt sich schon gern mit einer Replikantin ein? Doch sie hat so kirschrote Lippen, ein so außergewöhnliches Gesicht! Deckard läßt sie in seine vier Wände, genehmigt sich einen großen Whisky und geht ruppig mit dem Mädchen um.

Er ist ein rauher Bursche. An Mord und Totschlag gewöhnt. Liebe kann er sich nicht leisten. Zumindest nicht mit einer

Kunstfigur aus der Tyrell Corporation. Aber auch sonst glaubt dieser Blade Runner nicht ans große Gefühl.

Deckard ist einsam. Hat er genug Whisky intus, sinkt er am Klavier zusammen und klimpert in Erinnerungen. Dort, wo eigentlich die Noten liegen sollten, stehen Familienfotos. Auch dieser Bursche hat oder hatte also eine Familie. Was normalerweise eine Binsenweisheit ist, erstaunt bei Deckard. Man kann ihn sich nur allein vorstellen.

Bevor die Erinnerung ihn ganz überrennt, bedient er schnell seinen Computer. Während vor seinem Fenster ein weiterer Propaganda-Helikopter vorbeisegelt, füttert er die Elektronik mit den Fotos, die er im Hotelzimmer des entflohenen Replikanten fand. Und er findet die nächste Spur. Harrison Ford lächelt sein einzigartiges Lächeln, in dem Ironie, Staunen und kindlicher Stolz über einen sich abzeichnenden Erfolg zusammenspielen. Wenn Deckard eine Spur verfolgt, setzt er sich mit dem ganzen Körper ein. Wenn er über den nächsten Schritt nachdenkt, denkt sein ganzes Gesicht mit. Er zieht die Stirn in Dackelfalten, seine graublauen Augen werden starr, die Lippen öffnen sich, der Mund steht für die Dauer des Denkvorgangs offen. Deckard ist kein Intellektueller, und Ford zeigt das.

Wenn er observiert, sieht er bewußt harmlos aus, verkrümelt sich hinter eine Zeitung, pfeift ein Liedchen. Er lümmelt an der Wand wie ein Eckensteher, dessen letzter Job zehn Jahre zurückliegt und der alle Zeit der Welt hat.

Und wenn er danach die Verfolgung einer Verdächtigen aufnimmt, in einem Regenmantel, der in einer bunten Palette von grau, grün und braun schillert, dann rennt er zwar wie ein Berserker los, mit seinem großkalibrigen Revolver in der Faust, aber er könnte auch ein wildgewordener Familienvater sein, der seine ungehörige Tochter in seine vier Wände zurückpfeifen will.

Ford als Deckard in »Blade Runner« ist der perfekte Bulle. Er wirkt unauffällig. So gut könnte sich keiner tarnen, daß er so unentdeckt bliebe wie
dieser Mann im Regenmantel, der sich dem Milieu wie ein Chamäleon
anpaßt.

Harrison Ford als Deckard ist der perfekte Bulle, keiner kann
sich so gut tarnen wie er.
Sein Vorgesetzter bezeichnet ihn dagegen als »Ein-Mann-
Schlachtschiff«. Der muß es wissen. Und tatsächlich: wenn
Deckard nach geschlagener Schlacht in sein Hochhaus-
Appartement zurückkehrt, sieht er nicht mehr wie ein Bie-
dermann aus. Eher gleicht er einer zerrupften Krähe. Seine

Kleidung ist immer etwas zerrissen, und in seinem Gesicht blutet immer eine offene Wunde. Doch das ist nichts, was ein Whisky oder ein chinesischer Reisschnaps nicht richten könnte.

Insgesamt ist Deckard wirklich eher ein mieser, kleiner Schnüffler, der jeden Abend bei Dienstschluß die Hucke voll gekriegt hat und alle Knochen im Leib spürt. Philip Marlowe, der hartgesottene Detektiv aus den 40er Jahren, hätte seine Freude an dem Kollegen des nächsten Jahrtausends. Harrison Ford wäre der ideale Darsteller für eine neue Marlowe-Serie im Hollywoodkino der 90er Jahre!

Harrison Ford hat für den Rest des Films eine Schramme am Backenknochen, sein kurzes Haar sieht verfettet aus, die Kleidung, als hätte sie tagelang im Dauerregen von L. A. gelegen. Er verliert zwar seinen zynischen Humor nicht, während er nach Spuren schnüffelt, wirkt aber eigentlich resigniert und müde.

In der Wohnung eines toten genetischen Konstrukteurs findet er Priss, den dritten Replikanten, eine Frau, zu Amüsierzwecken als Lustobjekt gebastelt. Doch Spaß macht ihm die Begegnung im alten Bradbury-Haus keineswegs. Wieder mal ein mieser Job, denn Priss versucht sofort, ihn »aus dem Verkehr zu ziehen«.

Deckard im Dunst, Nebel, Rauch und Gestank der nächtlichen Straßen von Los Angeles. Vor einer Kinoreklame, die »Million Dollar« anpreist, in Neon-City, auf regenglänzendem Straßenpflaster. Wie ein kriegsmüder Soldat der Großstadt, mit hochgeschlagenem Mantelkragen, betritt Deckard den nächsten Tatort.

Nachdem Priss, die sterile Lustgöttin, Deckards Kugeln im Leib stecken hat, bleibt für den Sonderbullen aus dem 21. Jahrhundert nur noch eine Herausforderung: Roy, der Replikanten-Anführer. Der perfekte Roy.

Roy Batty tötete soeben seinen »Schöpfer« Tyrell. Er zerknackte ihm die Hirnschale. Roy will leben, hat jedoch nur noch wenig Zeit. Er leidet daran, nur eine Kopie zu sein, er hat unvorstellbare Dinge getan, aber auch so hell geglänzt wie kaum ein Mensch. Jetzt ist seine Zeit fast abgelaufen.

Diesem perfekten Bio-Apparat tritt Deckard gegenüber. Das Bradbury-Haus mit seinen Abrißzimmern und den permanenten Spotlights, die von den Propaganda-Hubschauern durch das Glasdach hereinfallen, ist der geeignete Ort für einen Zweikampf zwischen den beiden ungleichen Männern.

Deckard legt an. Er ist ganz Polizist. Er hat Angst. Seine Nase blutet. Und Harrison Ford blutet mit. Er spielt die Szene ganz am Ende jeder Kraft. Aufs Äußerste angespannt, mit nun flatternden Nerven. Auch wenn seine Hände den Revolver noch halten können. Ist er dennoch zu selbstsicher? Roy jedenfalls behauptet das aus dem Off. Und ehe Deckard es sich versieht, bricht der Replikant ihm zwei Finger der rechten Hand.

Schießen kann Deckard damit nicht mehr.

Er muß sich etwas anderes einfallen lassen.

Deckard nimmt die Beine in die Hand. Die unglaublichste Verfolgungsjagd des neueren Kinos beginnt. Der Bulle als Fassadenkletterer, mit gebrochenen Fingern und blutender Nase und mit einem unüberwindlichen Verfolger dicht auf den Fersen. Draußen regnet es noch immer. Bis Deckard endlich auf dem Dach anlangt, ist Roy schon da.

Deckard gibt nicht auf, bevor er nicht tot zu Füßen seines Gegners liegt. Unbändiger Überlebenswille treibt ihn vorwärts. Und schon hängt er wieder an der Außenfassade des Abrißhauses, unter sich den gähnenden Abgrund. Jetzt ähnelt er eher einem Putzlappen als dem gefährlichen Blade Runner. Er paßt sich immer mehr seiner Umgebung an.

Dagegen Roy: wie ein Jungsiegfried stürmt er durch die Räume. Die Energie ganzer Milchstraßen beseelt ihn. Er ist schön.

Und dann diese Sequenz, die schönste des Films: Roy rettet den Blade Runner vor dem Absturz, aber nur, um einen Zuschauer zu haben, während er selbst stirbt. Seine Zeit ist abgelaufen. Deckard liegt vor ihm erledigt im Regen und Roy verendet, plötzlich eine weiße Taube in der Hand. Warum rettete er Deckards Leben wirklich? Vielleicht, weil er in der Minute seines Sterbens das Leben liebte, nicht nur sein Leben, das eines jeden. Deckards Leben. Alles was Roy wollte, war Antwort auf die Fragen, die jeder stellt: Woher komme ich? Wohin gehe ich? Wieviel Zeit bleibt mir?

Alles, was Deckard tun kann, ist dazusitzen und zuzusehen, wie Roy stirbt.

Und man sieht Harrison Ford an, daß seinem Deckard dieses Replikanten-Sterben sehr menschlich vorkommt.

Er hat nun ein paar Schrammen mehr im Gesicht. Seine Finger sind gebrochen, er selbst noch lange nicht. Er sucht nach Rachel. Sein einziger Gedanke gilt jetzt einer Frau, die er lieben kann. Und wieder, mit einer grauen Strickjacke, einem schwarzen Hemd und einer ausgefransten Hose angetan, sieht er eher aus wie ein Stück Mobiliar des Hauses, als wie ein seriöser Polizist. Man kann ihn sich als Clochard vorstellen.

Vielleicht ist Rachel, die Replikantin mit dem außergewöhnlichen Innenleben, ihm gerade deshalb so zugetan.

Und als beide in der Führerkanzel einer Flugmaschine sitzen, die sie aus dem Stadtmolch heraus in die freie Natur des Nordens fliegt, nach Beendigung des martialischen Abenteuers, ist Deckard auch schon wieder ganz Mann der Tat. Er nimmt den Steuerknüppel in die schwieligen Hände und fliegt in die Zukunft.

Der galaktische Scharfschütze

Harrison Ford als Han Solo in »Die Rückkehr der Jedi-Ritter«

Luke Skywalker ist auf seinen Heimatplaneten Tattuin zurückgekehrt. Dort hält der Gangster Jabba the Hutt seinen Freund und Kampfgefährten Han Solo gefangen.

Inzwischen hat das galaktische Imperium mit dem Bau eines neuen Todessterns begonnen, stärker noch als jener, der in der ersten Folge der »Star Wars-Saga« zerstört wurde. Gelingt dieser Bau, ist das Ende der Rebellen gekommen.

Zunächst erleben wir den üblichen Disput zwischen den beiden Droiden R2D2 und C-3P0 über die aktuelle Lage, ausgetragen mit Stimme und elektronischen Frequenzen. Sie suchen die Festung von Jabba auf, wo seltsame Wesen wohnen: Quallenmenschen, kuhgesichtige Schlächter, Krallenmonster, Krötenmutanten und der Froschkönig Jabba höchstpersönlich.

Am Ende der Audienzhalle dieses Schreckenkabinetts hängt die Platte mit dem in Karbonit eingefrorenen Han Solo, das dekorativste Stück in der Sammlung Jabbas.

Ein rauschendes Fest findet in dieser Halle statt. Jabba verspeist Kröten, und Mädchenwesen werden geopfert. Dann gibt es einen großen Knall, und der Wookie Chewbacca wird gefesselt hereingeführt, für den ein Kopfgeldjäger einen stolzen Preis verlangt. Der Preis wird ausgehandelt, und die Party geht weiter.

Damit sind immerhin schon drei Gefährten von Han Solo im Reich des mächtigen Jabba. Und wenn man Lando dazuzählt, der sich unter dem Helm des angeblichen Kopfgeldjägers verbirgt, sind es bereits vier.

Han Solo wird aus der Platte aufgetaut. Er leidet noch unter dem Schock der Brutalkur und kann nichts sehen. Seine Miene ist verzerrt, seine Gesichtszüge haben sich verändert. Aber er ist noch der alte. Und die ihn befreite, das ist die Prinzessin Leia, die ihn liebt. Damit sind schon fünf Gefährten in der Höhle des Löwen.

Jabba und seine Gesellschaft sind inzwischen aus dem Party-Rausch erwacht. Sie wollen die Eindringlinge als Futter für ihre Bantha-Kreaturen verwerten. Die Prinzessin wird zu Jabba geführt. Inzwischen landet Han Solo in einer dunklen Zelle, wo schon Chewbacca sitzt, der ihn über die Verhältnisse aufklärt.

Harrison Ford sieht noch immer so aus, als hätte man ihn soeben aus einem tiefen Winterschlaf geweckt – was ja auch tatsächlich zutrifft. Seine Gesichtszüge sind entgleist. Er bewegt sich wie eine teigige Masse ohne Rückgrat und Knochen.

Aber er hat Zeit genug, sich wieder zu erholen, denn jetzt tritt Luke Skywalker in Erscheinung, der um eine Audienz bei Jabba bittet. Die wird jedoch abgelehnt.

Immerhin sind nun alle versammelt, die Han Solo befreien können. Auch wenn Luke in eine Falle gerät und sich erst einmal gegen ein monströses Schleimmonster zur Wehr setzen muß, das in seiner Schrecklichkeit die alten Saurier zu Steiff-Tierchen degradiert. Das Monster sabbert lüstern, doch Luke ist nicht von gestern, er kann sich retten.

Alle Gefährten aus dem rebellischen Sternenkrieg stehen jetzt vereint vor Jabba. Wenn auch in Ketten. Jabba nimmt seine alte Dauerparty wieder auf, draußen werden die

In »Die Rückkehr der Jedi-Ritter« wird Han Solo aus dem Karbonit-Winter-schlaf aufgetaut. Das sieht man Ford in den Sequenzen danach immer noch an.

Rebellen zu einem Sandmonster geführt, in dessen Gedär-men sie tausend Jahre lang verdaut werden sollen.
Han Solo hat bereits wieder seine flotten Sprüche drauf. Er trägt noch immer seine alte intergalaktische, weiße Kellner-jacke von modischem Zuschnitt, seine Haare sind wieder ein Stück kürzer geworden – oder glättet der Schweiß seine Frisur? –, aber sonst hat sich an ihm nichts verändert. Er ist wieder der freche Hund aus alten Schmugglerzeiten zwi-schen den Sternen.
Jabba bietet ihm Gnade an, doch Han Solo läßt den »schlei-migen, wurmzerfressenen Molch«, wie er ihn nennt, abblit-

zen. Die Gefährten gewinnen durch einen Jedi-Trick von Skywalker die alte Kampfkraft zurück, Leia erwürgt im Palast der Kröten den fetten Jabba mit ihrer Handfessel, und nach heftigen Scharmützeln erheben sich die Freunde schon wieder ins Weltall. Aus der Wüste zu den Sternen.

Die Wege in diesem Film sind kurz. Kaum tritt einer aus dem Bordell der Molche und Kröten in Tattuin, schon taucht er nach einem raschen Schnitt am anderen Ende des Weltalls auf. Spuren hinterläßt ein solches, unvorstellbares galaktisches Manöver auf den Gesichtern der Helden nicht. Auch nicht auf dem Gesicht von Han Solo.

Der Todesstern des Imperiums umkreist inzwischen den Waldmond Endor. Die Rebellen vom Volk der Wotaner beschließen auf einer Ratsversammlung, das Imperium anzugreifen, solange die Waffen auf dem Todesstern noch nicht voll installiert sind. Ein karpfenköpfiger General der Wotaner erklärt die Lage, und Han Solo und seine Freunde, die dazugestoßen sind, werden fest eingeplant. Han Solo ist inzwischen eine feste Größe im Sternenkrieg geworden. An eine Rückkehr in seine Heimatspelunke denkt er offenbar nicht mehr.

Han Solo wird auch diesmal einen Stoßtrupp führen. Einen selbstmörderischen noch dazu, versteht sich. Das Energiefeld des Todessterns muß ausgeschaltet werden, bevor die anderen Truppen landen können.

Han Solo wird in die Flotte der Rebellen integriert. Das Kommando seines eigenen Millenium-Falken, des schnellsten Schiffes der Galaxis, übernimmt sein Freund Lando. Aber der muß dem alten Kumpel versprechen, keinen einzigen Kratzer hineinzufliegen. Solo ist noch immer der alte Tüftler und Raumschiff-Freak, der jetzt, mit umgehängtem Raummantel auf den Schultern, den Laser-Colt an der Seite, gestiefelt und gespornt, sein neues Raumschiff besteigt.

Er ist inzwischen General geworden. Auf seinem Co-Pilotensitz hockt weiterhin der Wookie Chewbacca. Dahinter sitzen Luke Skywalker und Prinzessin Leia, und selbstverständlich die beiden Androiden R2D2 und C-3PO. Die Sternen-Mannschaft ist versammelt, und der Sprung über die Schranke der Lichtgeschwindigkeit gelingt mühelos.

»Was wir hier brauchen, ist ein bißchen Optimismus«, sagt Han Solo, der Haudegen, als ihr Schiff kurz vor der Flotte des Imperiums segelt. Und den brauchen sie tatsächlich. Denn Lord Vader persönlich wird sich um die Landung des Schiffes kümmern. Sein geschulter Instinkt hat die Ankömmlinge gerochen.

Die Raumfähre landet in einem Mangroven-Urwald auf dem fremden Mond Endor. Solo führt den Stoßtrupp an. Von den Sternen geht es jetzt gleich wieder ins Gebüsch – bei der »Star Wars«-Saga ist jeder Wechsel möglich. Lautlos erledigt Solo zwei Gegner zwischen Farnen und Moosen – er kann nicht nur lautlos fliegen. »Ich mach das schon!« ist sein Lieblingsspruch. Aber dann hat er doch größere Schwierigkeiten als gedacht. Und erst mit einem alten Judo-Wurf schafft er den Feind.

Leia und Luke erledigen inzwischen den Rest der Gegner, die auf einem fliegenden Staubsauger mit Düsenantrieb zu entkommen versuchen. Leia stürzt dabei ab, wird von einem Ewok gefunden und muß vorerst ohne ihre Freunde auskommen, die nach ihr suchen.

Liliputaner-Ewoks spüren auch Han Solo und seine Freunde auf, C-3PO halten sie für eine Gottheit. Han Solo, der in seinem Staubmantel aussieht wie ein Long Rider, versucht vergeblich zu vermitteln, und so werden alle ins Baumdorf der Ewoks getragen. Wie Jagdtrophäen von Pygmäen. Han Solo soll bei einem Festbankett als Hauptspeise verzehrt werden – die Ewoks sind Kannibalen.

Aber auch dieses vergleichsweise harmlose Abenteuer findet ein glückliches Ende. Han Solo steht zwischen den zwergwüchsigen Zottelewoks reichlich verloren herum. Harrison Ford findet nicht den richtigen Dreh, um in einem Kinderfilm bestehen zu können, zu dem die »Star Wars«-Saga vorübergehend geworden ist. Er versucht, zu grimassieren. Der Versuch mißlingt. Harrison Ford braucht andere Aufgaben, als mit Plüschtieren zu kommunizieren.

Als C-3PO auch noch die ganze Story der letzten Folgen nacherzählt, umringen die traulichen Tierchen Han Solo und kuscheln sich bewundernd an sein Knie. Jetzt sieht Harrison Ford reichlich entsetzt drein. Er und seine Gefährten werden in den Stamm der Ewoks aufgenommen. Umarmungen und Freude allerorten. »Kleine Helfer sind besser als keine Helfer«, seufzt Han Solo in komischer Resignation.

Erst als sie zum Schutzschild-Generator des Mondes aufbrechen dürfen, spielt Ford wieder befreit auf. Er kann Leia umarmen, wenn auch rollengemäß mit dem etwas ungelenken Gestus des alten Haudegen und Sternenkriegers. Und er kann seine Mannschaft in den Kampf führen, den er beherrscht: den letzten, unausweichlichen Kampf zwischen den Sternen.

Luke tritt seinem Vater, Lord Vader gegenüber und dann dem Imperium, dem unbestrittenen Meister des Alls, der ihm die dunkle Seite der MACHT zeigt. Doch Luke bleibt davon unbeeindruckt.

Han Solo, seine Gefährten und die Ewoks überlegen unterdessen, wie sie in die Raumstation des Imperiums eindringen können. Solos Leichtsinn – er bezeichnet den Gefechtsstand nur als »den Laden« – führt zu einer leichten Unterschätzung der Situation. Doch die Ewoks, die jeden Meter dieses Planeten kennen, verraten ihm einen Geheimgang, der direkt ins Innere des Feldherrnhügels führt.

Han Solo und Prinzessin Leia: ein hübsches und schlagkräftiges Duo.

Solo schleicht durchs Unterholz und findet den Eingang in die Kommandozentrale, an der Spitze seiner Gesellen betritt er erneut die Festung des Gegners. Er wirkt dabei reichlich zivil. Wie einer, der zufällig vorbeikam. Auch sein Gesichtsausdruck ist nicht sehr grimmig. Und während drinnen Luke Skywalker dem Imperator gegenübertritt, der ihn auf die schwarze Seite des Lebens ziehen will, stiefelt Han Solo, mit dem Colt in der Hand, in den Befehlsstand wie in einen Western-Saloon. Nur daß er keinen Whisky bestellt, sondern schöne Grüße von den Rebellen. Mit Sprengstoff.

Ein irres Kriegsspektakel im Wald des fremden Mondes beginnt, jeder fightet gegen jeden. Han Solo und seine Freunde feuern, was das Zeug hält, mit Pfeil und Bogen und viel Geschick von den Ewoks unterstützt. Der Guerillakrieg der Pelztiere zeitigt erste Erfolge.

Und Lando ist mit seiner Raumschiff-Flotte ebenfalls im vollen Anflug. Der Countdown läuft.

Luke kämpft inzwischen mit einem Lichtschwert gegen seinen Vater, Lord Vader. Er läßt seinen Aggressionen freien Lauf, was ihn, selbst wenn er siegte, schließlich doch der dunklen Seite der MACHT in die Arme triebe. . . .

Han Solo wetzt wieder ins Unterholz, sein Sprengstoff jagt die Station in die Luft. Damit ist das Reflektorschild von Endor deaktiviert, und Lando kann mit seiner Flotte angreifen.

Lord Vader schlägt sich auf die Seite seines Sohnes Luke, er vernichtet seinen Herrn, den Imperator. Große Dinge geschehen hinter dem Orion. Luke und das Maschinenwesen hinter dem Samuraihelm haben sich gefunden, Vater und Sohn sind vereint. Als Luke dem Vater die Helmaufbauten abnimmt, ist das zwar dessen Tod, aber dafür kann er ein einziges und letztes Mal seinen Sohn mit eigenen Augen ansehen.

Der Todesstern vor Endor wird vernichtet. Luke begräbt seinen toten Vater, die Ewoks feiern ein rauschendes Waldfest – und Prinzessin Leia stellt sich als Zwillingsschwester von Luke Skywalker heraus. Wie im Märchen.

Die Prinzessin umarmt ihren zurückgekehrten Bruder. Und danach, am Ende, küßt sie Han Solo.

Der Abenteurer II.

Harrison Ford als Dr. Jones in »Indiana Jones und der Tempel des Todes«

Im Shanghai des Jahres 1935 steigt Harrison Ford im wei-ßen Smoking-Jackett, mit Fliege und einer roten Nelke im Knopfloch, die Treppe eines luxuriösen Amüsierbetriebes herab und setzt sich zu einem chinesischen Gangster an den Tisch.

Ihr Gesprächston ist höflich, aber kühl. Indiana Jones hat etwas, was der gelbhäutige Herr gern hätte. Er verkauft es ihm. Es ist ein Behälter, in dem sich die Asche des Kaisers aus der Gründerzeit der Mandschu-Dynastie befindet. Und während der Chinese den Gegenstand verzückt anstarrt, gönnt sich Indiana Jones, der Archäologe, der ganz von dieser Welt ist, ein Glas Champagner.

Er leert es in einem Zug, aber damit trinkt er leider auch ein Gift, dessen schnelle Wirkung nur von einem Gegengift gebremst werden könnte, das wiederum die Herren auf der anderen Seite des Tisches besitzen. Indiana Jones wird kräftig gebeutelt, kann den Club »Obi Wann« jedoch recht-zeitig durch ein Fenster des vierten Stocks verlassen. Sein »Gegengift« sitzt neben ihm: es ist die blonde Willie Scott, die das Mittelchen im Dekolleté hat.

In letzter Sekunde erreichen »Indy«, Willie und der Junge Shorty Round ein Propellerflugzeug, und schon schlüpft der Archäologe in seinen Kampfanzug: die legendäre Teerjacke, grünbeiges Hemd, braune Hosen, braune Wildlederschuhe, breitkrempiger Filzhut. »Als was hast du dich denn jetzt wieder verkleidet!« will die freche Blondine wissen, »als Löwenbändiger?«.

Da kann Dr. Jones nur lachen. Dann schläft er ein, während die Maschine von Schanghai über Chungking fliegt. Das hätte er nicht tun sollen, denn die Piloten sind bestochen, sie springen während des Flugs mit Fallschirmen ab. Sie lassen die drei Passagiere mit einer Ladung Hühner allein.

Doch Indiana Jones genügt zur Rettung ein aufblasbares Schlauchboot – für drei Passagiere. Er hat in jeder Notlage eine Lösung; er hat keine Chance, aber er nutzt sie. Solange Indiana Jones an Bord ist, kann nichts schiefgehen.

Es ist ein unbeirrbares Vertrauen in die eigene Kraft und Phantasie, das diese Figur auszeichnet.

Harrison Ford spielt diese Gestalt mit Action-Präzision und mit einer Portion Humor. Seine Kluft steht ihm ganz ausgezeichnet, der Hut macht die ganze Erscheinung zum Abenteuer-Helden aus dem Bilderbuch. Aus dem Comic-Bilderbuch, genauer gesagt, denn als Comicgestalt wurde diese Figur geboren.

In einem Dorf mitten in Indien macht die kleine, unfreiwillige Expedition Halt. Von Dorfbewohnern erfahren sie, daß ein heiliger Stein geraubt wurde, der jetzt alle ins Unglück stürzt. Der Palast des Bösen, in dem dieser Stein sich nun befindet, liegt an der Straße nach Delhi. Und genau dorthin will Indiana Jones.

Der böse Herrscher in diesem Palast des Bösen muß ganz besonders schrecklich sein, denn er hat auch die Kinder des Dorfes entführt. So schrecklich kommen Märchen daher, in ihnen sind die Guten absolut gut und die Bösen absolut böse. Comic Strip.

Auf dem Weg zu den Verderbern des Dorfes findet Indiana

Dr. Jones findet die Sankara-Steine. In »Indiana Jones und der Tempel des Todes«, zieht Ford als Abenteurer alle Register.

Jones schon bald eine erste Spur. Ein Stoffetzen mit einem Aufdruck, den der Archäologe sofort richtig deutet. Mit glitzernden Augen nimmt er die Fährte auf. Einmal unterwegs, handelt er instinktiv, wie ein Fährtenhund.

Er erkennt auch sofort, daß der geraubte Stein des Dorfes in den Augen der bösen Diebe einer der »Sankara-Steine« ist, die Reichtum und Ruhm bedeuten, und zwar, wie Indiana Jones hinzufügt, während eine Sternschnuppe über den nächtlichen Himmel saust, *unendlichen* Ruhm.

In dieser Sequenz, kurz vor dem Aufbruch in den Palast der Bösen, wirkt Harrison Ford wie ein Märchenonkel. Er erklärt dem kleinen Shorty die Hintergründe. Einer der ganz seltenen Momente, wo »Indy« redet, statt zu handeln.

195

Aber schon geht es auf den Rücken indischer Elefanten weiter in den Dschungel. »Indys« Begleiterin, die Sängerin Willie, die er mit Vorliebe »meine Süße« nennt, scheint sich auf der Bühne eines Nachtclubs entschieden wohler zu fühlen, als auf einem indischen Riesenelefanten, der noch dazu abscheulich stinkt. Wahrscheinlich wird sie ihre Stimme verlieren.

Indiana Jones muß dem Kleinfamilienpublikum Tribut zollen, für das dieser Film gedacht ist. Er sitzt mit Willie und Shorty am Lagerfeuer und spielt Karten. Während Vampirfledermäuse gierig in der Luft kreisen, baut er sich ein imaginäres Eigenheim im indischen Urwald mit Frau und Kind und Elefant.

Harrison Ford entwickelt mitten im Busch komisches Talent. In den Auseinandersetzungen mit seiner Partnerin Kate Capshaw gewinnt der Film oft das Niveau gelungener Screwball-Comedys, in denen der coole Kerl und die flippige Lady verbale Scharmützel austragen. Fords genervte Miene, wenn Capshaw wieder einmal vor einer Schlange aufkreischt, ist himmlisch. Er bereichert die Action-Rolle seines Indiana Jones mit gelungener Komik.

Auf dem majestätischen, vier Meter hohen Elefanten reitet Harrison Ford, als hätte er nie ein anderes Fortbewegungsmittel benutzt. Er verschmilzt regelrecht mit dem Dickhäuter. Und wenn er absteigt, registriert er die Hilfe des Elefanten nur ganz nebenbei – sein Blick ist schon auf den Feind gerichtet, der am Horizont auftaucht.

Als er die Burganlage des Bösen betritt, während die Vampirfledermäuse den Himmel verdunkeln, wirkt er zunächst fehl am Platz. Wie ein Tourist, der einen Ausflug in folkloristische Gefilde unternimmt. Wenn da nicht diese Peitsche wäre, die an seiner Hüfte gefährlich hin und her schaukelt, während er geht. Und der Revolver auf der anderen Seite spricht eine ebenso deutliche Sprache.

Wenn Ford vom Elefanten steigt, registriert er sein Verkehrsmittel nur nebenbei. Sein Blick ist schon auf den Feind gerichtet, der am Horizont auftaucht.

Bei festlichen Anlässen, wie beim Empfang des Maharadschas von Pangkot, legt er beides natürlich ab. Der Archäologe und Abenteurer ist auch ein Gesellschaftsmensch. Er setzt die Brille auf die Nase, verschränkt die Arme harmlos auf dem Rücken, und sein Anzug aus englischem Flanell läßt ihn so unscheinbar wirken, wie ein Professor nur wirken kann. Nur rasiert hat er sich nicht, so viel Kompromisse macht »Indy« denn doch nicht.

Und bei Tisch stellt er auch sofort wieder Nachforschungen an, kaum daß er einen Bissen von der »Schlange Surprise« und den gebratenen Käfern genommen hat. Ein Abenteurer macht nicht lange Konversation.

Aber er erreicht nicht viel. Bevor der Nachtisch, Affenhirn auf Eis, serviert ist, hat der Maharadscha, der sich als 12jähriger Junge herausstellte, die Gerüchte um böse Dinge im Palast von Pangkot zurückgewiesen, und »Indy« muß schweigen.

Als Dr. Jones später ins Schlafzimmer von Willie Scott geht, um sich nach ihrem Befinden zu erkundigen, verrät sie ihm, daß sie im Bett nichts außer ihren Schmuck trage. »Schokkiert Sie das?« fragt augendeckelklimpernd die Schöne. »Nichts schockiert mich, ich bin Wissenschaftler«, antwortet Dr. Jones. Ist das das Geheimnis seines Erfolges? Wie er das herausbringt, sieht er tatsächlich sehr kaltschnäuzig aus, auch wenn die Brille ihm etwas Kurzsichtiges verleiht.

In seiner etwas zu engen Jacke, den Binder gelöst und die Brille in der Hand, geht Harrison Ford schweren Schrittes durch die Räume des Maharadscha-Palastes, als hätte er zu klobige Schuhe an den Füßen. Vielleicht liegt das daran, daß die attraktive Willie im Nebenzimmer ihm eine Offerte machte. Die der stolze Archäologe, der gewohnt ist, daß Löwe und Tiger zu seinen Füßen schnurren, ablehnte, aber vielleicht doch zu gern angenommen hätte.

Aber bevor das Liebesgetändel überhand nimmt, schlägt die Realität des Kino-Abenteuers wieder zu. Kurz vor Ablauf der Frist, die die schöne Willie ihm für ein amouröses Abenteuer setzte, schleicht ein indischer Würger in »Indys« Schlafzimmer, und nur mit Mühe gelingt es diesem, den heimtückischen Angreifer am Deckenventilator aufzuknüpfen. Statt seinem Liebestrieb folgt er danach dem Weg, den Göttin Shiwa beschreibt. Und der führt ins Innere und Untere des Palastes.

Wieder einmal betritt Indiana Jones einen geheimnisvollen Gang im Zwielicht. Er setzt den Hut auf und tastet sich voran, an seiner Seite Shorty (der die Kinder-Interessen des Publikums hier mitvertritt). Und schon hinter der nächsten Biegung zappeln die ersten Skelette. Es sind allerdings nur Attrappen, wie bei der Geisterbahn. Ganz so ernst meint es der Regisseur Steven Spielberg nicht mit dem Grusel. Geisterbahnkino.

Auf dem Boden des dunklen Ganges knirscht etwas. Popcorn ist es bestimmt nicht. »Indy« schaut es sich an. Es sind Kakerlaken und Tausendfüßler. Sollte hier die Garküche des Palastes sein?

Den Spaß, den Indiana Jones im ersten Moment im Sinn hat, macht eine Tür aus massivem Fels zunichte, die sich vor den Fluchtweg rollt. Jetzt ist wieder Abenteuer-Zeit.

Aber weiter geht's. Einen Comic-Helden hält nichts auf. Zumindest dann nicht, wenn zwei trottelige Gefährten ihn begleiten, die im entscheidenden Moment das Richtige tun. In diesem Fall ist Willie die Glückliche, die den Archäologen rettet.

Und schon beobachtet Indiana Jones ein heidnisches Ritual samt Feuer, Weihrauch, Totenkopf und anbetungswürdiger Höllengestalten. Harrison Ford bewegt sich nur noch schleichend vorwärts. Selbst gebückt stößt er an die niedrige Decke der Gänge. Aber den Hut nimmt er deshalb nicht ab. So schlimm die Gefahren auch aussehen, »Indy« scheint sie bestehen zu können. In seiner Lederjacke sieht er unverwundbar aus. Die Lederjacke wirkt wie eine zweite, zähe Haut, eine Art Jungsiegfried-Haut. Aber sein offenes Gesicht scheint das Lindenblatt zu sein, das ihn verletzlich macht. Jacke hin oder her. Und jetzt schluckt er schwer, weil sich unter ihm das Ritual der Anbetung von Göttin Kali vollzieht. Ein seit Jahrhunderten berüchtigtes Ritual, bei dem ein Mensch geopfert wird.

Auf »Indys« Gesicht tritt der Schweiß des Abenteurers, der diesen Mann zum plebejischen Mann des Kinos macht. Er scheut die Mühe der Anstrengung nicht, also auch nicht den Schweiß der Arbeit. Er ist besessen davon, durch eine Expedition, also durch den Einsatz des ganzen Körpers zum Erfolg zu kommen. Den Stein der Weisen zu ergattern. Die lange verschütteten Gesetze des Menschengeschlechts zurückzuholen. Oder was immer.

Schweiß ist sein Parfüm. Es weist ihn aus als Mann des Volkes, auch wenn er eine Professur in Archäologie besitzt. Er ist kein Salonheld und nur vorübergehend ein Gesellschaftskomödiant – auch wenn Harrison Ford beides locker spielen kann.

Indiana Jones, diese ideale Comic-Strip-Figur, ist deshalb so beliebt, weil sie sich nicht scheut zu schwitzen. Ohne Schweiß kein Preis. Sie ist deshalb so beliebt, weil sie die physische Erfahrung des Zuschauers, bei Anstrengung zu schwitzen und zu stinken, nicht mit dem »Dallas«-Parfüm beträufelt, mit der »Denver Clan«-Lotion verschmiert. Ein Held, der aus allen Poren schwitzt, kann nicht schlecht sein. Er hat sich den Erfolg redlich verdient. Er ist kein Schmarotzer. Indiana Jones ist kein Schmarotzer.

Den Beweis dafür tritt er sofort an. Als er das unterirdische Bergwerk entdeckt, in dem Kinder schuften, und mitansehen muß, wie ein muskelbepackter Aufseher einen schwächlichen Jungen peitscht, da kann er gar nicht anders: er greift ein. Seine eigene Sicherheit im Versteck preisgebend, wirft er den ersten Stein auf den Schächer – und verrät sich.

Dr. Jones kann nichts schockieren. Mit Peitsche, Pistole und Schwert meistert er alle Gefahren. Nicht schlecht für einen Archäologie-Professor!

Indiana Jones, diese ideale Comic-Strip-Figur, ist so beliebt, weil sie sich nicht scheut zu schwitzen. Ohne Schweiß kein Preis. Ein Held, der aus allen Poren schwitzt, kann nicht schlecht sein. Er hat sich den Erfolg verdient.

Das ist sein eingreifendes Denken und Handeln. Er kann nicht anders. Instinktiv und spontan ist er einfach auf der Seite von Kindern und Ausgebeuteten.

Harrison Ford spielt starr geradeaus. Jeder Zweifel, daß er es nicht ernst meint, ist ausgeschlossen. Jeder Zweifel daran, daß er eine identifikationsträchtige Gestalt spielen will, erübrigt sich. Er erlaubt sich nicht, das, was er zeigt und spielt, zu ironisieren. Die Ironie dieses Darstellers liegt woanders. Sie liegt gerade in diesem starren Geradeausspielen. In der Gewißheit, daß der Märchencharakter dieses Action-Spektakels, dieser filmischen Geisterbahnfahrt zutage tritt. Das ist eine kluge Art der Darstellung, auf die viele seiner Kollegen nicht vertrauen würden.

Und sie ist mutig. Denn jetzt folgt die Sequenz, in der Ford, von den teuflischen Tropfen des Bösen innerlich umgepolt, Zombie-Status erreicht. Er soll seine blonde Begleiterin töten, und er will sie töten. Er ist von Sinnen, grinst blöde und redet wirre Formeln. Er wird Willie das Herz bei lebendigem Leib herausreißen! So böse, wie er dabei aussieht, hat er wahrscheinlich vor sich selbst Angst. Aber auch jetzt spielt Ford stoisch geradeaus, im Vertrauen auf Spielberg und sein Publikum.

Aber schon bald ist er wieder der Alte. Er erwacht aus der Trance, von Shorty rüde geweckt. Er rettet Willie vor dem Opfertod. Wie ein Berserker läßt er seine Wut an den Bösen aus. Schließlich steht er da, mit nacktem Oberkörper, den Hut wieder auf dem Kopf, von etlichen Wunden gezeichnet, aber tatendurstig.

Der Countdown läuft an.

Jetzt beginnt eine schwere Zeit für die Gegner von Indiana Jones. Er aktiviert die jungen und alten Sklaven in dem unterirdischen Bergwerk des Maharadscha-Palastes. Alle sollen fliehen. Seine persönliche Freiheit bedeutet Indiana

Jones nur nur halb so viel, wenn andere sie nicht teilen können. Wie er die schweren Ketten der Kind-Sklaven aufschließt, das ist wahrlich eine Schlüsselszene des Spielberg-Films: Die Tendenz zum Abenteuer schließt auch immer ein freiheitliches Handeln ein. Indiana Jones ist der Prototyp des modernen Freiheitshelden. Der Gewalt nicht verachtet, wenn sie Gegengewalt ist.

Ein Prügel-Spektakel setzt ein, das seinesgleichen sucht. Vielfache Gefahren bringen Indiana Jones in höchste Bedrängnis. Aber er schafft es erst mal, seinen stärksten Feind unter die Erzerkleinerungswalze zu bugsieren, einen anderen ins Feuerloch zu werfen, die heimtückischen Stiche zu überstehen, die der kleine Maharadscha im Kali-Rausch ihm zufügt. Nun kommt es nur noch darauf an, den linken Tunnelausgang zu nehmen und den rechten zu meiden.

Aus dem Hemd von Indiana Jones ist inzwischen ein ärmelloses T-Shirt geworden, und Shorty kann plötzlich und unerwartet Karate. In einer Erzlore türmt das unschlagbare Trio, und »Indy«, der für dieses Fortbewegungsmittel keinen Führerschein besitzt, beweist noch einmal, daß ihm jedes Fluchtfahrzeug recht ist, wenn es nur die Widersacher abhängt.

Und schon beginnt die heißeste Achterbahnfahrt des neueren Kinos. Die Lore nimmt Fahrt auf, die Kamera von Douglas Slocombe folgt ihr sozusagen auf den Hinterrädern, und ab gehts ins rasante Vergnügen, in dem Helden, Zuschauer und Film bald nicht mehr wissen, was oben und was unten ist.

Auch als sie im Freien ankommen, ist die drängende Gefahr lange nicht gebannt. Wasserfluten, Hängebrücken, Krokodile bedrohen jetzt das Abenteuer-Trio. Und auch die restlichen Verfolger, immer noch eine stattliche Übermacht, rücken mit Schwertern nach.

Mitten auf der Hängebrücke, auf beiden Seiten von Feinden belauert, scheint »Indy« nun doch am Ende. »Oh, Scheiße«, entfährt es ihm, und er hebt das Schwert zum letzten Gefecht. Doch im Schwung dieser Geste kommt ihm die rettende Idee. Ein Action-Held wie Indiana Jones denkt immer während des Handelns. Und dann am besten. Eine schöne Szene ist das, wie der Blitz der Erkenntnis über das Gesicht von Harrison Ford fährt, ein Gesicht, das von Schweiß, Blut und Schmutz gezeichnet ist. Die wirklich rettende Idee kommt den wirklichen Helden des Kinos immer dann, wenn sie wirklich schon alles gegeben haben. Indiana Jones hebt das Schwert zum Kampf und senkt es langsam herab auf die tragenden Stricke der Hängebrücke. Wenn er sie zerschneidet, stürzt er zwar selbst ab, aber mit ihm auch seine Feinde. Und da die weitaus ängstlicher sind als er, weichen sie zurück.

»Indy« durchtrennt die Brücke, aber nicht, bevor er sich und seine beiden Gefährten mit Fußangeln daran festgehakt hat. Die Stricke reißen, die Feinde stürzen hinab, zum Fraß für die Krokodile. Wie auf einer Leiter landet dagegen unser abenteuerliches Trio an der steilen Felswand und klettert empor.

Ein letzter Kampf mit dem Oberpriester der Sekte beginnt, der die Göttin Shiwa verriet, um der Nebengöttin Kali zu dienen. Mit den drei Steinen aus der Tasche »Indys« stürzt der falsche Prophet ab. Da nützen ihm auch seine okkulten Fähigkeiten nichts mehr, denn sein Gegner heißt Indiana Jones.

Dann eine typische Einstellung, die wir auch schon aus »Der Blade Runner« kennen: aus der Tiefe der Schlucht hangelt sich Harrison Ford nach oben, an der Felskante erscheint als erstes seine Hand mit den ausgestreckten, nach einem Halt suchenden Fingern – kräftig, aber zitternd, wie flatternde

Am Ende der Abenteuer kommen Dr. Jones und Willie Scott sich näher (mit Kate Capshaw).

Flügel eines Kleintiers –, die endlich zupacken und den ganzen Mann hinterherziehen. Ein schwer schnaufender Abenteurer, am Ende seiner Kräfte, blutend, der aber immer noch eine Überraschung parat hat: den dritten heiligen Stein. Und den präsentiert er jetzt lächelnd, mit einer Mischung aus Stolz und Glück, bevor ihn die Kräfte verlassen.

Dieses Abenteuer verlangte wirklich alles von Indiana Jones.

Aber jetzt ist es vorbei. Die Heiligtümer sind da, wo sie hingehören, die Erwachsenen sind befreit, die Kinder glücklich. Indiana Jones und Willie Scott dürfen sich endlich küssen. Aber »Indy« verspricht der schönen Willie nicht, daß auf dem Weg nach Delhi nicht noch dieses und jenes passieren kann.

Der Zuverlässige

Harrison Ford als John Book in »Der einzige Zeuge«

Im Jahr 1693 wanderte der Mennoniten-Bischof Jakob Amann mit den Seinen von Europa nach Amerika aus. Sie siedelten sich in Pennsylvanien an. Die Amish-Leute, wie sie genannt werden, wenden sich nach wie vor gegen das, was andere Fortschritt nennen. Von der Neuzeit haben sie sich radikal abgeschottet, sie kennen weder TV noch Telefon. Ein radikaler Pazifismus verbietet den 50.000 Amish den »Dienst an der Waffe«. Sie leben von der Farm-Arbeit, ihre Gemeinden sind Enklaven der Vergangenheit.

»Der einzige Zeuge« spielt in einer dieser Gemeinden, im Jahre 1984.

Es beginnt mit einem Mord. Der kleine Samuel, ein Amish-Junge, hat ihn auf der Bahnhofstoilette von Philadelphia mit angesehen. Er ist der einzige Zeuge. Police Officer John Book alias Harison Ford leitet die Ermittlung.

Book löst sich aus einem Pulk von Beamten. Als er mit dem Jungen spricht, ist sein Gesicht freundlich. Er kann mit Kindern umgehen. Als er dem Kleinen etwas verständlich machen will, demonstriert er es mit Gesten, mit Körpersprache. Er spielt dem Jungen vor, was er meint. Das kommt bei Kindern an.

Mit dem Kleinen und seiner Mutter geht es dann auf Spurensuche durch das Nachtleben der Stadt.

Obwohl der hartgesottene Bulle Book weiß, daß die Amish-

W-55-4

Der Zuverlässige: Harrison Ford als John Book in »Der einzige Zeuge«. Der Film von Peter Weir wurde zu seinem bis dahin größten künstlerischen Erfolg.

Leute nichts mit den landläufigen Spielregeln und Gesetzen zu tun haben wollen, schleift er Samuel und seine Mutter mit. Dann quartiert er sie bei seiner Schwester ein.
Ford spielt das ganz freundlich. Ein netter Herr im grauen Anzug, mit jovialen Gesten und zuvorkommendem Lächeln. Hartgesotten, aber menschlich, kein Schinder. Einer, der sich Sorgen um die Moral seiner Schwester macht. Der nette, große Bruder. Nach einem Schluck Milch aus der Tüte verschwindet er wieder.

Am nächsten Tag geht die Spurensuche weiter. Book entpuppt sich als »Pappi-Polizist«. Er spendiert dem Kleinen einen Hot-Dog. Heißhungrig beißt er selbst in die Wurst, aber er hat vergessen, die Gebetspause der Amish abzuwarten. Da bleibt dem ungesitteten Kerl das Brötchen im Hals stecken. Und er verschluckt sich schier, als Rachel, die Mutter von Samuel, ihm rät, eine Familie zu gründen.

Gelangweilt, den Kopf in die Hand gestützt, das Gesicht zu einer Dienststuben-Grimasse verzogen, sieht Harrison Ford später mit Samuel die Fotokarteien durch.

Dabei ist der Mörder kein Gangster, sondern der schwarze Polizist McFee. Als Samuel ihn auf einem Polizeifoto mit ausgestrecktem Zeigefinger enttarnt, nimmt Harrison Ford das mit gerunzelter Stirn und sichtlichem Entsetzen, aber ohne Widerspruch zur Kenntnis. Und er erinnert sich nun, daß er den Rauschgiftfahnder McFee schon einmal verdächtigte, nach einer Razzia einen Stoff beiseitegeschafft zu haben, mit dem man Speed herstellt.

Als Book später seinen Wagen in die Tiefgarage stellt, aus dem Kofferraum einen gereinigten Anzug nimmt und wie ein normaler Single am Feierabend in seine Wohnung hinaufschlendert, entgeht er nur knapp einem Mordanschlag McFees.

»Ich kenne dich, du Arschloch!« schreit Book dem flüchtenden Täter nach dem Schußwechsel hinterher, erst danach merkt er, daß eine Kugel seinen Leib glatt durchschlagen hat.

In einem VW-Kombi bringt Book Samuel und seine Mutter Rachel in die Amish-Kolonie zurück, er selbst will wieder nach Philadelphia, doch die Schußwunde erzwingt einen Aufenthalt bei den Männern mit den langen Bärten und ihren Frauen mit den Schuten und Hauben.

Zum Glück hat der glatte Durchschuß keine Konsequenzen.

Das kriegt Rachel mit Milch- und Leinsamenverbänden auf die Dauer wieder in den Griff. Der Bulle fiebert zwar stark und träumt von sämtlichen nächtlichen Razzien der letzten Zeit, doch er packt es. Nach einiger Zeit erwacht er und sieht klar. Er sieht: Rachel, die junge Frau, die ihn aufopfernd pflegte. Sie ist schön. Er möchte nicht glauben, daß es soviel engelhafte Reinheit im Zeitalter korrupter Rauschgift-Polizisten gibt.

Die Rauschebärte, die ihn umstehen, als er gesund erwacht, verwirren ihn dann völlig. Es ist der Ältestenrat des Distrikts der Amish-Gemeinde, der sich nach seinem Befinden erkundigt.

Wenig später trägt John Book bereits die Kluft der Amish: zum breitkrempigen Hut einen schwarzen Anzug und ein weißes Hemd. Nicht nur, weil die Hosen zu kurz sind, wirkt der Bulle in dieser schlichten und doch festlichen Tracht deplaziert. Aber Harrison Ford behauptet sich mit stoischer Ruhe. Keine hastige Bewegung stört das Spiel dieses Darstellers, der einen Charakter, eine Psyche so stark veräußerlichen kann. Der genau weiß, mit wie wenig Aufwand, aber dafür umso präziseren Mitteln eine Figur zu umreißen ist.

Zum Beispiel, wenn er den Amish-Leuten im Kuhstall zur Hand geht, um seine Schuld abzutragen. Er sitzt auf dem Melkschemel, auf dem Kopf einen Hut aus Stroh, ohne Krempe. Er sieht wie kastriert aus. Aus dem Abenteurer Harrison Ford, wie er noch in den Indiana Jones-Filmen erschien, ist ein Kuhjunge geworden. Aber wie er den bringt, mit geöffnetem Mund, unsicherem Blick, schlaksigen Bewegungen, ratsuchend beim Großvater des Stalles, das ist urkomisch.

Beim anschließenden Morgenmahl ist er ebenso zu fremd, eine Spur zu städtisch, einen Tick zu versaut für dieses keusche Landleben. Er zitiert aus dem Werbe-Fernsehen –

Bei den »Amish«-Leuten paßt sich der Polizist Book vorübergehend den Sitten und Gewohnheiten dieser ländlichen Sekte an (mit Kelly McGillis).

als würde er damit eine Sprache sprechen, die die Land-leute verstehen. Sie verabscheuen das Fernsehen besonders wegen der Werbespots.

Aber wie er mit seinen Hochwasserhosen so durch den Garten streunt, sieht er schon richtig schlicht aus. Nicht cool oder lässig – das wären die Attribute der Großstadt-szene. Harrison Ford verzichtet auf alle Effekthascherei. Stoisch wie einst Buster Keaton und mit einem seltsam unsicheren Schritt, gemischt aus Vor- und Zurückweichen, wie ihn vorher nur Jacques Tati beherrschte, meistert er diese schwierige Szene, die ihn von seinem eingefahrenen Star-Image weit weg trägt.

Und dann fängt er sogar an zu tanzen! Im Heuschober der Amish-Leute, unter dem Scheinwerferlicht des VW-Kabrio und zur Musik von Sam Cookes »Wonderful World« dreht er Rachel im Kreis. »Ich liebe diesen Song!« schwärmt der

Polizist, trommelt den Rhythmus auf das Wagendach und schnappt sich dann die Amish-Frau.

Harrison Ford strahlt in dieser Sequenz sehr viel physische Präsenz aus. Er ist der Mann, dort die Frau – so selbstverständlich wird das in der ganzen Filmstory sonst nicht mehr durchgespielt. Man spürt, wie zuverlässig dieser Mann ist.

Es ist ein Vorzug des Darstellers Ford, daß er völlig aus dem Körper heraus spielt. Und er findet dazu jederzeit den Rhythmus und das Tempo, das nötig ist, um die Darstellung zu beherrschen.

Dadurch wird sein Spiel auch sehr sinnlich. Alles, was an Worten, Gesten, Haltungen nötig wird, entsteht aus dem Körper heraus. Es bekommt eine Art physischer Wahrheit.

Als die Amish-Leute eine Scheune bauen, ist er im Kollektiv dabei. Er ist nichts Besonderes, obwohl er hämmern, sägen, bohren kann, er wird zum Teil eines arbeitenden Ganzen.

Überhaupt nimmt Ford immer stärker Züge eines bodenständigen Bauern an. Macht es die grobe Baumwolle, in die er gehüllt ist? Macht es der Staub des Landes, die Pollen des Korns, macht es die flirrende Luft des Sommers in Pennsylvania? Sein Gesicht ist braun, zerfurcht, Schweißperlen netzen die Stirn. Sein Gang wird immer schwerer. Und seine Handlungen immer langsamer. Bis er einen Gedanken in die Tat umsetzt, braucht er jetzt schon genau so lange wie die Amish-Leute.

Seine Entscheidungen kommen ihm selbst bedeutungsschwerer vor. Er denkt länger über die Folgen nach.

Aber dann sind die Bullen aus Philadelphia hinter ihm her. Mit großkalibrigen Gewehren rücken sie ihm im Morgen-

Es ist ein Vorzug des Darstellers Ford, daß er völlig aus dem Körper heraus spielt. Er findet immer den richtigen Rhythmus und das nötige Tempo, um seine Rolle zu beherrschen. Hier tanzt er mit Kelly McGillis zur Musik »Wonderful World« von Sam Cooke. Hier der Mann, dort die Frau – so selbstverständlich wird das selten im Kino durchgespielt.

grauen auf den Pelz. Und es ist sehenswert, wie der alte Polizist, und damit der alte Action-Held in Harrison Ford wiedererwacht. Wie schnelles, instinktives Denken und Handeln in den Routinier der Straßen und Dienststellen zurückkehren. Wie aus dem Bauern wieder der Bulle wird. Ford kehrt zum Berserker zurück, der er vorher war. Er kämpft und rennt ums Leben.

Und er hat dabei schon so viel vom Landleben gelernt, daß er die Vorteile für sich zu nutzen weiß.

Er schlüpft unsichtbar durchs Heu, tarnt sich hinter Rindviechern, kennt alle Hinterausgänge.

Er tötet den ersten Polizisten mit der List eines Bauern, indem er ihn im Speicher unter Korn begräbt. Den zweiten tötet er mit der Waffe des Polizisten, mit einem Gewehr. Auf dieser Linie kehrt Book langsam zu seiner Bestimmung zurück. Er ist am Ende wieder Stadtmensch, zivilisationsgeprägt, von heute, Bulle.

Harrison Ford spielt jemanden, der in der Auseinandersetzung lernt, wieder aggressiv zu werden. Dessen braunes, ruhiges Gesicht sich allmählich verzerrt. Dessen Stimme lauter wird. Der keine Widerrede duldet. Der Anweisungen gibt.

Der schließlich auch durch die Macht seiner Polizistenmentalität den korrupten Chef Schaeffer davon abhalten kann, noch schuldiger zu werden, als er schon ist.

Und der dann noch einmal die Schultern einzieht. Als er Abschied von Rachel und Samuel nimmt und geht. In einer stillen Szene ohne Worte, mit intensiven Blicken und der Ohnmacht desjenigen, der weiß, daß er nicht da bleiben kann, weil er der Stadt gehört. Und der in der Stadt nie mehr ganz glücklich werden kann, weil er Rachel und das Land, die Amish-Gemeinde erlebt hat.

Book zieht die Schultern ein und startet seinen VW.

Book weiß, daß er die Amish-Siedlung wieder verlassen muß. Er ist ein Stadtmensch. Ford spielt das mit intensiven Blicken und stillen Gesten.

Der Zivilisationskritiker

Harrison Ford als Allie Fox in »Mosquito Coast«

Er ist in dem Glauben aufgewachsen, ihm gehöre die Welt, und alles, was er sage, würde auf den Punkt stimmen: der Harvard-Absolvent Allie Fox. Selbstgerecht sitzt er am Steuer seines Wagens und redet auf seinen Sohn ein.

»Was ist aus Amerika geworden? Aus dem Land der Verheißung, der unbegrenzten Möglichkeiten? Trink eine Coca, sieh fern, amüsier' dich, leb' von Sozialhilfe! Nimm dir die Moneten! Werde kriminell! Kriminalität zahlt sich aus in diesem Land! Warum nimmt man das hin? Warum geht das immer und immer weiter? Brauchst dich doch nur umzusehn – insgesamt eine Kloake!«

Allie Fox redet immer weiter. Er hebt den Zeigefinger, er doziert, die Brille auf der Nase. Die Schirmkappe und der Overall, in dem er steckt, stehen dazu in eigentümlichem Gegensatz. Er ist ein Freizeitphilosoph.

»Dieses Land geht vor die Hunde, Charly! Macht keinem was aus ... Kaufe Dreck, verkaufe Dreck, iß Dreck!. . . .«

Allie Fox kennt das ganze Programm. Er hat recht, aber seine Litanei ist entnervend.

Unaufhörlich redet Allie Fox weiter auf Charly ein. Harrison Ford wirkt unruhig, gespannt. Seine Figur Fox glaubt, daß es in Amerika Krieg geben wird. Wenn die Kamera Ford mit River Phoenix, dem jungen Darsteller des Charly, auf dem Schrottplatz zeigt und im Hintergrund die schwarzen

Zivilisationskritiker Allie Fox rechnet mit Konsum-Amerika ab (Ford in »Mosquito Coast« von Peter Weir).

Rauchfahnen der Müllverbrennungsanlage einfängt, meint man, der Krieg sei schon im Gange.

Fox baut Kühlgeräte. Seine Jungen schauen ihm bewundernd zu. Er wirkt wie ein Erfinder-Genie – wenn nur nicht sein arrogantes Gerede wäre! Das unterminiert den ganzen Kerl. Ein zwiespältiger Charakter, den uns Regisseur Peter Weir serviert, und Harrison Ford spielt ihn genüßlich.

Fox hat alles im Griff. Mit großartigen Gesten erklärt er seinen Söhnen sein Tun, aber immer nur zur Hälfte. Die andere Hälfte behält er geheimniskrämerisch für sich. Das schafft Autorität.

Fords Schritte sind weitausholend. Er ist sich seiner Wirkung sicher. Unermüdlich geht er umher. In ihm ist zu viel Unruhe und zu viel Aggressivität, um stillzustehen. Er muß seinen wachsenden Unmut über das, was er um sich herum sieht, ausagieren. Seine Erfindungen sind großartig, aber niemand ist in der Lage, sie angemessen zu würdigen.

Eigentlich ist er bei einem Farmer angestellt, ein Kühlsystem für eine Scheune herzustellen. Doch Allie ist kein Arbeitssklave, er braucht Inspiration bei der Arbeit. Der einzige Rhythmus, der für ihn zählt, ist der eigene.

»Eis ist Zivilisation«, philosophiert Allie Fox. Und während er das sagt, kommt er auf einen sensationellen Gedanken: er will Eis im Dschungel herstellen. Mit seinen Erfindungen braucht er dafür keine Elektrizität.

Harrison Ford sitzt diese Rolle so angegossen wie sein Overall. Er steckt die Hände in die Taschen, seine Brillengläser blitzen im Gegenlicht. »In den Dschungel zu gehn, erfordert Mut, und zwar den Vier-Uhr-Morgens-Mut. Wer hat den schon?« blinzelt Allie verschmitzt. Humor hat er auch noch. Seine Jungs vergöttern ihn. Und seine beiden kleinen Mädchen auch. Und seine Frau liebt ihn uneingeschränkt.

Eines Tages packen die sechs ein paar Habseligkeiten zusammen und verschwinden an die Mosquito Küste. Harrison Ford trägt bei diesem Anlaß ein gelbes Hemd mit Palmenmotiven über der Hose. Er singt ein Lied, er steuert das Auto. Er bestimmt die Reiseroute, und seine Familie macht munter mit.

»Auf Wiedersehen, Amerika, und einen schönen Tag noch!« grüßt Allie Fox mit hochfliegender Hand auf dem Schiff, das ihn und seine Familie nach Mittelamerika bringt. Zur Mos-

»In den Dschungel zu gehen erfordert Mut. Und zwar den Vier-Uhr-Morgens-Mut. Wer hat den schon?«

quito Küste, die im Norden von Honduras beginnt und im Süden von Nicaragua endet. Irgendwo dort, im Niemandsland, das der Regisseur Weir mit seiner eigenen Kinophantasie absteckte, werden sie ankommen und zu überleben versuchen. So schnell wie Allie Fox hat sich noch niemand vom korrupten Norden Amerikas getrennt. Er ist ein Mann der schnellen Entschlüsse.

Niemand an Bord versteht, was Fox an der Mosquito Coast will, in einem Land, das in der Steinzeit stehengeblieben ist. »Klingt doch fabelhaft!« meint Fox und blickt allwissend über seine Brillengläser hinweg. Er hat auf alles eine Replik, seine Energie scheint grenzenlos. Unter den Optimisten ist er der König.

Auf einem Handkarren schiebt die Familie Fox in den Dschungel ab. Schlafsäcke sind ihr wichtigstes Mitbringsel. Und Moskitonetze. Allie Fox ist nicht zu bremsen. Kaum gelandet, findet er schon alles toll. Und als sie erst im Hotel »Mona Lisa« abgestiegen sind, der ersten Station ihrer Reise, schwingt er seine kleinen Töchter jubelnd im Kreis.

Doch jetzt legt sein Tatendrang erst richtig los. Er kauft mitten im Busch die kleine Ansiedlung Geronimo. Mit der Miene eines Verschwörers bringt er den Deal seiner Familie bei. Unaufhörlich ist Fox unterwegs. Er wirbelt wie ein zivilisierter Derwisch durch einen kleinen Fleck Mittelamerika.

»Anfangen, von Anfang an! Das ist es, wovon ich geträumt habe!« jubelt Fox, als er endlich seiner »Stadt« ansichtig wird: ein halbes Dutzend Bretterbuden im Dickicht. Er steckt seine Enttäuschung sofort weg und münzt sie in Handeln um. Bei ihm geht keine Energie verloren. Einstein hätte seine Freude an dem Mann.

Wie ein Berserker beginnt Allie Fox damit, die Machete zu schwingen, um im undurchdringlichen Regenwald um Geronimo herum Platz zu schaffen. Seine aufgestauten zivilisatorischen Frustrationen entladen sich im Unterholz. Schweißüberströmt holzt er ab, das gelbe Hemd ist zum Auswringen durchnäßt.

Nachts, im provisorischen Zelt, sieht Harrison Ford schon aus wie ein Ureinwohner des Buschs. Die Haut gebräunt, kräftige Figur, glatte, nach hinten gekämmte Haare, gegerbte Gesichtszüge. Er liegt inmitten seiner Familie und erzählt Geschichten. Und alle blicken sie gespannt zu Allie herüber.

Am Tag leitet er die Einsätze für die Pflanzungen. Sein kleiner Trupp von Arbeitern scheint nur darauf gewartet zu haben, daß ein weißer Mann wie Fox sich ansiedelt und die

Harrison Ford sitzt die Rolle des Aussteigers Fox wie angegossen. Er kann seine eigenen Vorstellungen verwirklichen.

Aufgaben verteilt. Und dieser weiße Mann meint es gut. Er will die Meinungen der Eingeborenen einholen, demokratisch handeln. Aber sie sind es nicht gewohnt, demokratisch zu entscheiden. Also bestimmt Fox.

Er nimmt immer mehr die Züge eines Missionars an. Er glaubt, was er sagt, und da er viel redet, auch Notlügen, rhetorische Umwege usw. gebraucht, denkt er sich immer mehr in abseitige Gedanken hinein. Nachdem er sie ausgesprochen hat, verbietet es ihm sein selbstgerechter Stolz, sie wieder zurückzunehmen. So wird Allie Fox langsam und ohne es zu merken zum Problem für seine Familie.

Fox schuftet pausenlos. Und feuert die anderen an, ebensoviel zu schuften. Das Leben in Headfield, USA, war für seine Familie dagegen ein Kinderspiel.

Fox doziert auch im Busch. Bei jeder Gelegenheit unterbreitet er den Ureinwohnern seine Philosophie des Verfalls. Ob sie ihn verstehen, ist belanglos. Er könnte ebensogut mit den Bäumen reden. Unter Menschen, die ihn nicht verstehen, ist der wortgewaltige Allie Fox einem Gott gleich.

»Wie habe ich meine Sache gemacht?« fragt der Vater den Sohn am Abend, obwohl er die Antwort sowieso weiß: »Bestens, Dad«, antwortet Charly. Und bestätigend nickt der Vater, bevor er dem Sohn zärtlich die Hand aufs Knie legt.

Allie Fox will Gottes Werk vollenden. Es kann nur das erfunden werden, was schon da ist, sagt er. Gott hat es schon angelegt, die Menschen müssen es nur erkennen und entwickeln. Deshalb haßt er die Missionare so sehr, weil sie die Menschen lehren, sich mit all den halben Sachen abzufinden. Und wieder hat Fox recht. Und wieder stört die Arroganz, mit der er seine Wahrheit verkündet.

Genüßlich gestikuliert Harrison Ford im Busch. Er breitet die Arme gegen seine Schützlinge aus. Überleben ist das Programm seiner Figur Fox, Überlebenstraining ist das, was die Familie tut. Aber noch liegt Amerika nicht in Trümmern, und deshalb haben Fox' Aufbauarbeiten etwas Neurotisches, auch wenn die physische Präsenz dieser muskulösen, großen Gestalt, wie sie der Schauspieler Ford ausstrahlt, beeindruckend ist.

Fox und seine Helfer schlagen eine Schneise in den Dschungel, ein überragendes Stück Zivilisation. Genau so hätte Amerika sein können, sagt Fox.

Eines Tages beginnt dieser Mann damit, ein Monster zu

Fox doziert im Busch. Er unterbreitet den Buschbewohnern seine Philosophie des Verfalls. Dabei nimmt er tyrannische Züge an.

bauen. Fühlt er sich wie Doktor Frankenstein? Er errichtet ein riesiges Kühlsystem, mit dem er Eis im Dschungel herstellen kann, und nennt das ganze seinen neuen Menschen. Er muß unaufhörlich produzieren, Kinder, Städte, Kühlsysteme. Seine Kraft versiegt nicht.

Aus dem Zivilisationsmüll der Großstädte baut er sein »organisches« Wesen zusammen, ein Denkmal seiner selbst. Als seine zwanzig Meter hohe Kühlscheune den thermodynamischen Umsetzungsprozeß von Feuer in Eis beginnt, ist Fox zum erstenmal seit Monaten still. Sein System funktioniert: und schon redet er wieder. Danach gibt es eine Schneeballschlacht mitten im Urwald.

Doch Allie Fox, der Pionier unter den Erfindern, gibt keine

Ruhe. Alles wird zu leicht. Das Eis im Dschungel ist bereits eine Selbstverständlichkeit. Also macht er sich auf, einen Indianerstamm mit seinen Eisjuwelen zu beglücken, der völlig isoliert eine Tagesreise weiter im Busch lebt.

Unermüdlich kommandiert Fox. Unermüdlich arbeitet er. Unermüdlich schlägt er Schneisen durch den Urwald. Er schindet sich selbst wie alle anderen. »Nicht schlapp machen, vorwärts!« ist seine Devise.

Er will kein Missionar sein. Doch er wird einer. Er will den Indianern nicht das Gotteswort, sondern Eis bringen. Er will der erste sein, der dies tut. Er will Zivilisation um seinen Preis. Als Vorkämpfer.

Aber der Weg nach vorn ist mit Rückschlägen gepflastert. Eines Tages tauchen drei bewaffnete Söldner im Busch auf, und Fox ist gezwungen, seine Stadt teilweise wieder abzureißen, um den ungebetenen Gästen den Aufenthalt unmöglich zu machen. Auch in dem kürzesten Moment der Unterdrückung kann er sich nicht einfügen. Lieber opfert er alles, als es Unwürdigen zu überlassen.

Glänzend spielt Harrison Ford diesen von Gerechtigkeit und Pioniergeist Besessenen. Einen Mann, der sich mit nichts abfinden will. Einen »Zivilisator«. Etwas Gefährliches liegt in seinem Blick, etwas Bedrohliches in seinem Gang. Was hindert den Macher Fox daran, über die Grenzen hinauszuschießen? Nichts. Und diesen Aspekt stellt Ford intensiv dar. Als verschwitztes, motorisches, nervtötendes Monstrum, das von einer idealen Zivilisation träumt.

Am intensivsten kommen seine Blicke. Er saugt mit den Augen seine Umgebung regelrecht auf. Und gebannt starren seine Gegenüber zurück. Wenn er auf jemanden einredet und dabei beschwörend den Zeigefinger hebt, gibt es kein Entkommen. Der Bannstrahl seiner Augen ist perfekt eingesetzt.

Glänzend spielt Ford den Besessenen der Gerechtigkeit und des Pionier-geistes.

Doch dann muß Fox mitansehen, wie sein Kühlhaus explo-diert. Sein Werk ist vernichtet. Die Anlage sinkt in sich zusammen und begräbt die drei eingedrungenen Söldner unter sich. In diesem Moment sinkt auch Fox in sich zusammen. Eine Nacht lang. »Es tut mir so leid, Allie«, sagt seine Frau mitfühlend. »Ich bin überglücklich! Wir sind frei!« antwortet Fox. Wieder setzt er eine Niederlage sofort in einen Sieg um.
Was hat er erreicht? Geronimo existiert nicht mehr. Der Fluß ist verseucht. Bleiben sie am Ort, sterben sie alle. Also fahren sie weiter, den Fluß hinunter. Die neue Zivilisation endete in Zerstörung.

Dem Dschungel angepaßt (Ford und Helen Mirren), in »Mosquito Coast«.

Wie Harrison Ford todmüde auf dem Boden seines kleinen Kahns liegt, spiegeln sich in seinen Brillengläsern der blaue Himmel und die Spitzen der Bäume – also immer noch die Utopie vom freien Land, vom Paradies im Urwald. Die Realität ist jedoch – zumindest für den Augenblick – eine andere geworden.

Sie landen am Meer. Der Strand ist überschwemmt mit Abfall, aber das Meerwasser ist köstlich. Hier will Fox bleiben. Nie wieder Chemikalien. »Wenn das, was man will, nicht an den Strand gespült wird, braucht man es vermutlich auch nicht.« Fox fängt sofort an, einen neuen Plan zu schmieden. Aber jetzt revoltiert die Familie. Die Kinder wollen nach New York. Schluß mit dem Robinsonspiel im Busch!

Allie Fox ist noch immer der intakte Patriarch. Und da er aus einer Niederlage keine Lehren zieht, phantasiert er jetzt vom Untergang Amerikas. Während er vom Atomkrieg redet, den es angeblich gab, beginnt er, selbst daran zu glauben. »Ich allein bin unsere Rettung!« verkündet er. Und beginnt, diese Schutzbehauptung für die Wahrheit zu nehmen.

Harrison Ford spricht, als hätte er einen Kaugummi im Mund. Seine Worte kommen mit mahlenden Bewegungen seiner Kaumuskeln heraus, jedes Wort ist ein Programm. Er unterbricht seine Rede nur durch ein einnehmendes Lächeln, das seine Zuhörer übertölpeln soll. Er gibt niemandem eine Chance, auf eigene Gedanken zu kommen. Aufkommenden Widerspruch widerlegt er sofort mit Blicken, Gesten, Worten, Lächeln. Sein hundertprozentiger Trick.

Und doch rebelliert seine Familie gegen ihn. Er sagt: »Jeder, der keine Vision hat, so wie ich, hat hier nichts zu suchen.« Fox ist so von seinen Visionen besessen, daß er die Gegebenheiten übersieht. In der Regenzeit wird sein neues

Domizil weggeschwemmt. Die Warnungen seines schwarzen Helfers überhört er. Von einem »Wilden« läßt sich Allie Fox nichts sagen, so weit geht seine Vision nicht.

»Nur tote Dinge schwimmen flußabwärts. Das Leben ist flußaufwärts!« ist seine augenblickliche Parole. Fox nimmt die Herausforderung der Regenkatastrophe an und läßt sich auf dem Fluß nicht einfach nur treiben. Die Natur ist ein Gegner so ganz nach seinem Geschmack. Darunter tut er es nicht mehr.

»Victory« steht am Mast des kleinen Floßes, mit dem die Familie Fox den Fluß hinauffährt. Aber auch wenn dieser letzte Sieg fraglich scheint, Allie Fox reckt stolz und siegessicher das Kinn gegen den Wind. Er ist unschlagbar. Und Harrison Ford sieht jetzt wirklich wie Robinson aus: verfranstes blondgebleichtes Haar, unrasiert, Hosenfetzen um die braunen Beine.

Mehr und mehr kehrt Fox seiner Familie den Rücken zu. Seine eigensinnigen Eskapaden bringen vor allem Charly dazu, den Vater zu hassen. Er stellt sich dessen Tod vor. »Ich mach das doch für uns alle!« sagt der Vater währenddessen. Die übliche Rede des selbsternannten Führers, der gut beginnt und böse endet.

Zottig wie ein Berglöwe geht Ford bei einer Missionsstation an Land, in der der Gottesdienst per Fernsehbild übertragen wird. Wieder steht er vor den »Segnungen« der Zivilisation. Er ist gescheitert, er hatte unrecht, er hat seine Familie unglücklich gemacht. Aber mit dieser Zivilisation will er dennoch nichts zu tun haben, mit einer Zivilisation, die ihre Ideale grotesk verraten hat.

Auf dem Bildschirm telefoniert inzwischen der Reverend allen Ernstes mit Gott. »Gehirnwäsche!« grummelt Allie Fox. In seinem Gesicht zuckt es bedrohlich. Aber in seinem Verhalten zeigt sich wieder, daß ihn selbst nicht viel von

Fast am Ende. Ford als Fox, ins Wasser gefallen.

den Missionaren unterscheidet, die glauben, im Besitz der ganzen Wahrheit zu sein.

Allie Fox zündet die Kirche der Missionarsstation an. Der Missionar erschießt ihn. »Wie mach' ich mich, mein Junge?« sind seine letzten Worte. »Bestens, Dad«, erwidert Charly. »Die Natur ist krumm«, sagt Allie dann noch. »Ich wollte aber rechte Winkel, gerade Linien.« Im Tod lieben ihn wieder alle.

Der gute Bürger

Harrison Ford als Richard Walker in »Frantic«

Im Fond eines Taxis reist er an. Paris rückt immer näher, schon geht es über die Brücken, der Flug war anstrengend. Sondra, seine Frau, schläft an seiner Schulter. Dr. Walker, der Arzt aus San Francisco, ist an die Seine gekommen, um einen Kongreß zu besuchen.

Er ist groß und geht leicht vornübergebeugt. Sein Haar ist glatt nach hinten gekämmt. Er trägt einen seriösen, grauen Flanellanzug, ein blaues Hemd, eine dunkelblaue Krawatte. Seine Augen sind wachsam und neugierig. Er wirkt ruhig.

Als er das Jackett auszieht, sieht man, daß er den Schlips unterhalb des dritten Knopfes im Hemd verstaut. Und im Hotelzimmer wirkt er schon gar nicht mehr so stocksteif wie an der Rezeption. Er turtelt mit Sondra, macht Späße. Und das alles mit glatten, runden, abgezirkelten Bewegungen. Mit dem zufriedenen Gehabe eines Ehemannes, der seine Frau liebt, weil er sie lieben will. Er ist ausgeglichen. Er investiert keinen Gedanken an Seitensprünge und ist deshalb ganz bei sich und seiner Sondra.

Als typischer Amerikaner hantiert er mit allen möglichen Gegenständen, mit Toilettenartikeln, dem Frühstückstablett, den Koffern. Als er aus der Dusche kommt, ist Sondra verschwunden.

Noch ganz ruhig, steigt Harrison Ford ins Hotelfoyer hinunter. Wo ist seine Frau? Keiner will sie gesehen haben.

Ford in »Frantic«, als typischer Amerikaner, der lässig mit Gegenständen hantiert. Dann allerdings treten unvorhergesehene Ereignisse ein. Ein Gegenstand der besonderen Art macht Walker Sorgen.

Er bleibt gelassen, doch aus seinen Blicken spricht nun doch eine gewisse Beunruhigung. Zwar verschränkt er beim Gehen die Arme hinter dem Rücken, um sich die Panik, die allmählich in ihm aufsteigt, nicht anmerken zu lassen. Doch von Sekunde zu Sekunde wird er unwirscher, abweisender, unkonzentrierter.

Für die Hotelbediensteten, den Manager, den Sicherheitsbeauftragten ist die Sache nur delikat. Sie vermuten von vornherein – man ist schließlich in Paris – einen Seitensprung der Frau Gemahlin. Schließlich ist die Seinemetropole die Stadt der Liebe, oder nicht?

Harrison Ford spielt ganz den gar nicht mehr coolen und von dieser Stadt, deren Sprache er nicht versteht, mehr und mehr verunsicherten Mann. Beim ersten Abtasten der Umgebung, in dem hilflosen Bemühen, etwas Licht in das Unfaßbare zu bringen, wirkt er nicht etwa wie ein Polizist, der den Tatort begeht. Er wirkt wie einer, den die kargen Spuren eher verwirren.

Er spielt den Arzt nicht im Stil des Halbgotts in Weiß, ohne die Arroganz des Visitenganges, so wie er auch den Ehemann nicht süßlich oder gelangweilt spielt. Auch jetzt, als er die Spuren aufnimmt, wirkt er nicht so, als hätte er das Heft schon in der Hand. Er spielt alle drei Rollen als jemand, der gänzlich im dunkeln tappt.

Und er spielt das als Amerikaner. Als Bürger der ältesten Demokratie der Welt, der es nicht fassen kann, daß die staatlichen Organe nichts für ihn tun wollen. Der eine andere Vorstellung von Recht und Sicherheit hat, eine bürgerliche Vorstellung. Die Realität, mit der er auf den Amtsstuben konfrontiert wird, ist kaltschnäuziges Hohngelächter, mit einer Prise Pikanterie gewürzt. Er kann es nicht fassen.

Und er beschließt, auf eigene Faust zu handeln. Auch das

ein amerikanisches Erbe. Faustrecht, wenn die Behörden versagen. Ein Amerikaner ist immer Manns genug, sich sein Recht zu holen.

In der Bar »Blue Parrot« wirkt er leicht deplaziert. Eine erste heiße Spur führt dorthin, aber Walker fühlt sich sichtlich unwohl in dem Gewühl von Lederjacken, Punkern, New Wavern, Discofiebrigen. Sein Milieu ist eher das Abendrestaurant am Central Park, dort, wo auch Woody Allen speisen könnte. Hier stört die Krawatte, der Glencheckanzug, die Steifheit des ganzen Kerls.

Daß er hier nicht hingehört, hat noch einen weiteren Nachteil. Er vermag nicht zu differenzieren. Die Personen, die ihm nützen könnten, unterschätzt er, dafür überschätzt er die, die mit ihm nur ein Spiel treiben wollen.

Er läßt sich sogar Kokain verkaufen, »The White Lady« im Jargon. Aber diese »Lady« kann ihm seine Frau nicht ersetzen. Walker wird immer verzweifelter. Sein Gesicht immer zerfurchter. Ford spielt sich wieder in die Rolle eines Mannes hinein, der eine Welt von Feinden gegen sich hat und um Orientierung ringt.

Walker tappt weiter im dunkeln, wortwörtlich. Er sucht einen gewissen Dédé Martin, und als er bei dessen Wohnung ankommt, muß er lange das Licht im Treppenhaus suchen. Er braucht seine Brille, um das Namensschild zu entziffern. Umso heller ist es dann in der Wohnung selbst. Besonders im Badezimmer, wo er den Gesuchten in seinem Blut findet.

Anschließend stößt er auf Michelle, eine Punkerin mit Vorliebe für Leder, die einen Koffer von San Francisco nach Paris brachte, am Flughafen jedoch irrtümlich mit dem von Sondra Walker vertauschte. Diesen Koffer suchen nun geheimnisvolle Hintermänner, und deshalb ist Sondra verschwunden.

Ford brilliert im Verlauf des Films »Frantic« als der verunsicherte, gar nicht mehr coole und immer mehr in der Stadt Paris, deren Sprache er nicht versteht, fremde Mann.

Als Walker dieser Zusammenhang klar wird, verdüstert sich seine Miene zusehends.

Und er beginnt mit Michelle eine Fahrt durch das nächtliche Paris.

Harrison Ford wirkt neben dem schlanken Mädchen mit der Kodderschnauze wie ein Spießer. Plötzlich ist zu sehen, daß er diese Welt, die sich jetzt vor ihm auftut, noch nicht kannte und daß er sie verachtet.

Sicher hat er Vorurteile. Sein Ton wird barsch. Er wird immer ungeduldiger gegenüber dieser Szene aus Dealern, Süchtigen, Discophilen, Kleinkriminellen. Er will zurück in sein Upper East Side-Milieu. Zu seiner Frau und seinen Kindern. In seinen gutgepolsterten Mittelstand.

234

Auch das spielt Harrison Ford so plausibel wie alles andere, das er spielt. Er schlüpft in die Rolle des Biedermannes, als hätte er nie den Indiana Jones verkörpert.

»Das reizvolle an Harrison Ford ist, daß man ihn auf der Straße nicht wiedererkennen würde«, hat sein Regisseur Steven Spielberg einmal bemerkt. »Er ist ein richtiges Chamäleon; wenn er spielt, nimmt er den Charakter des jeweiligen Helden an.«

Das tut er auch hier. Er ist jetzt nichts weiter als ein verzweifelter Ehemann, dessen Frau gekidnappt wurde.

Immerhin beweist er Tatkraft. Er begibt sich mit einer Punkerin in die kriminelle Szene von Paris. Er hat nicht die Polizei alarmiert, sondern sucht seine gekidnappte Frau auf eigene Faust.

Nur wirkt er körperlich nicht ganz fit. Als er ein paar Treppen in der Garage des Flughafens hochsprinten muß, gerät er schnell außer Atem. Wie Harrison Ford hier den Elan aus seinen Actionfilmen vergessen läßt und als untrainierter Alltagsmensch durch die Verfolgungsszenen keucht, das ist schon wieder eine Höchstleistung im Vertuschen von körperlichen Fähigkeiten. Das kann nur ein Darsteller, der seiner physischen Möglichkeiten ganz sicher ist.

»Du tust doch alles für Geld! Jetzt geb' ich dir dein Geld. Und dann läßt du mich zufrieden!« sagt der Arzt Richard Walker entnervt, als er Michelle einen Scheck über 11.000 Francs ausschreibt. Er will endlich aus dieser Geschichte raus. Das ist für ihn kein Abenteuer, das er sucht, sondern ein gefährliches Spiel, mit ekelhaften Personen besetzt. Er setzt sich die Brille auf die Nase und unterzeichnet den Scheck. Das ist etwas, das er gut kann.

Dann telefoniert er mit seinen Kindern in San Francisco. Auch das kann er gut. Er versucht, Ordnung in seine aufgewühlten Gedanken zu bringen. Er weint. Richard Walker, der stattliche Biedermann, ist kurz vor dem Nervenzusammenbruch.

Anschließend steigt er aufs Dach. Aber nur, weil er in der Dachwohnung von Michelle, die er mit dem gesuchten Koffer aufsuchen will, bedrohliche Männerstimmen hört. Auf dem Dach balanciert er nicht lange, und schon hängt er an der Fernsehantenne, der Koffer öffnet sich, und sein Inhalt segelt nach unten. Richard Walker liegt im ständigen Clinch mit den Dingen.

Situationskomik vom Feinsten: wenn jetzt unten seine Frau vorbeikäme, dann sähe sie ihren Ehemann, mit dem sie nach Paris zu einem Kongreß gereist war, auf dem Dach eines beliebigen Mietshauses hocken, mit verzweifelter Miene, kurz vor dem Durchdrehen, in der Hand einen offenen Koffer, dessen Inhalt sich über die Stadt verstreut.

Harrison Ford kämpft gegen die Unbillen des Schicksals den Kampf desjenigen, der sich bisher in diesen Gefilden nicht bewegte. Er befindet sich auf unbekanntem Terrain. Für diese Art von Leben ist er nicht geschaffen. Die Mittel, die ihm in seinem ureigensten Alltag zur Verfügung stehen, gelten hier nichts. Und so steckt er eine Niederlage nach der anderen ein.

Aber er gibt nicht auf.

Es zeichnet ihn aus, daß er Niederlagen wegsteckt. Er ist lernfähig. Und zwischendurch ist er sogar noch zu Kabinettstückchen fähig: er zieht sich nackt aus, legt sich zu Michelle ins Bett, die gerade von zwei Bullen in die Mangel genommen wird, und vertreibt diese mit dem Spiel: Ich-bin-Amerikaner-und-werde-mich-beschweren-über-Euch! Das zieht sogar in Paris, der Hauptstadt eines Landes, das aus der Nato ausgetreten ist.

Barfuß, mit offenem Reißverschluß, das Hemd hinten aus der Hose hängend, tappt Dr. Richard Walker ins Grand Hotel zurück, nicht eben das Urbild eines seriösen Hotelgastes. Er gleicht ganz einem Liebhaber, der soeben aus dem Bett seiner Freundin gestiegen ist. Für die Hotelmannschaft verdichtet sich immer mehr der Verdacht, daß Walker spinnt. Und Harrison Ford tut alles, um, mit Lust am komischen Spiel, diesen Verdacht zu erhärten.

Sein Richard Walker ist allerdings in schlechter Verfassung. Immerhin kann er kurz mit seiner Frau telefonieren. Ein Treffpunkt wird vereinbart, wo der Austausch gegen das begehrte elektronische Gerät vollzogen werden soll.

Eine winzige Geste genügt Harrison Ford, um die Anspannung deutlich zu machen, die ihn befällt, als er in der Tiefgarage auf die Unterhändler wartet. Er steht mit dem Rücken zur Kamera und wischt sich wie unter Trance die

Kleine Gesten genügen Ford, um Anspannung deutlich zu machen. Ein verzweifelter Blick, die nervösen Hände in den Taschen.

beiden Handflächen an seiner Hose ab. Er hat seine Nerven nicht mehr unter Kontrolle. Diese kleine Geste macht mehr als jedes Grimassieren in Großaufnahme sinnfällig, wie es um ihn steht. Natürlich geht der Austausch schief. Statt dessen hat Walker jetzt einen toten arabischen Agenten als Fahrgast, der über dem Steuerrad hängt, während er den Wagen durch den Stadtverkehr zu lenken versucht.

Man könnte diesen Mann für einen Irren halten, als er kurz darauf in der Toilette eines Cafes in den Spiegel starrt, nicht sicher, ob er wacht oder träumt. Sein Blick irrlichtert, seine Haut ist fahl, die Haare stehen ihm zu Berge. Er ist nicht mehr der Alte.

Aber er ist ja nun auch im Besitz von »Kryton«, einem hochspezialisierten elektronischen Schalter, der problemlos in der Lage ist, schwere Schläge oder hohe Vibrationen auszuhalten. Er ist entscheidend bei der Steuerung von Raketenstufen und der Zündung nuklearer Sprengsätze. Richard Walker hat ein brisantes Dingelchen in der Hand, das für die Herstellung von Atombomben von enormer Wichtigkeit ist. Deswegen sind die Araber ihm auf den Fersen.

In der Nachtbar »A Touch of Class« gibt es einen erneuten Kontakt zwischen Walker und den Agenten. Und einen lasziven Tanz mit Michelle. Er hüftsteif, verklemmt und sorgenbelastet, sie entspannt, sinnlich, verrückt. Ein herrliches Paar.

Harrison Ford hält bei diesem Tanz die Balance. Einerseits ist er unfähig, etwas anderes zu empfinden als seine Angst um Sondra. Andererseits gefällt ihm Michelle, und er läßt sich langsam in den erotischen Sog hineingleiten, der von ihr und ihrem Tanz ausgeht. Er stößt sie pikiert von sich und zieht sie gleichzeitig fasziniert wieder zu sich heran. Er will nicht auffallen, hier in der Höhle des Löwen, und er genießt doch das geheimnisvolle Begehren, das ihn befällt. Ein Begehren, das ihn lockt, alle Hemmungen fallenzulassen und mit diesem jungen Mädchen in die Nacht von Paris abzudriften.

Aber dann steht er doch rechtzeitig an der Brücke neben dem Miniaturmodell von der Freiheitsstatue und wartet auf die Araber. Es ist fünf Uhr morgens, man sieht Dr. Walker die Übermüdung an. Er hat den Kragen des Jacketts hochgeschlagen, und der Morgenwind läßt seine Hosenbeine schlackern.

Er steht so grau und farblos, mit übernächtigten Augen da, daß er sich kaum abhebt vom Straßenpflaster der Brücke. Jeder Glanz, jede Energie ist aus ihm gewichen. Er ist nur noch ein Häufchen Elend, das auf den glücklichen Ausgang dieser schrecklichen Geschichte wartet.

Roman Polanski erläutert Harrison Ford und Emmanuelle Seigner seine Vorstellungen.

Das Boot mit den Agenten und mit Sondra nähert sich. Der Austausch wird vollzogen. Aber Michelle stirbt dabei.

Walker erweist sich am Ende noch einmal als aufrechter Amerikaner und Demokrat, und das kann nur bedeuten, dem Geheimdienst eine Abfuhr zu erteilen – auch dem eigenen.

Walker wirft das »Kryton« in die schmutzigen Fluten der Seine, zum Abfall, der dort schon haufenweise lagert.

Und Harrison Ford scheut sich nicht, im Fond des Taxis, wo er am Ende mit seiner Frau sitzt, wie er am Anfang des Films dort gesessen hat, hemmungslos zu schluchzen. Er weint über die tote Michelle. Und über all den Abfall in dieser Welt, der nur zu einem winzigen Teil von dem Container des Müllautos aufgenommen werden kann, das jetzt direkt vor dem Taxi steht und ihm die Weiterfahrt versperrt.

Der Manager

Harrison Ford als Jack Trainer in »Die Waffen der Frauen«

Am Anfang die Freiheitsstatue, dahinter die glamouröse Skyline Manhattans. New York, Urbild des amerikanischen Traums: Jeder kann es schaffen, der es nur will.

Die Gespräche über den Job, den man gerade mit Klauen und Zähnen verteidigt, sehen schon anders aus, nüchterner. Tess und ihre Freundin sind auf der Fähre auf dem Weg zur Arbeit, sie grübeln über die Schattenseiten des Business nach. Und dann tauchen sie ein in die überschäumende Geschäftswelt der endlos hohen Wolkenkratzer, mit ihren Glastüren und Foyers, mit ihren überfüllten Fahrstühlen und überbelegten Großraumbüros. Und dennoch diese ständig aufgekratzten Angestellten, die immer einen Witz parat und ein Bein auf der Schreibtischkante haben. Sklaven des Big Business, die sich wie ihre eigenen Vorgesetzten fühlen.

Als Sekretärin Tess sich gegen ihre schmuddeligen Abteilungsleiter energisch wehrt, wird sie strafversetzt, aber das wird der Beginn einer wunderbaren Freundschaft werden.

Allerdings nicht mit ihrer neuen Chefin. Obwohl sich der Beginn ihrer Zusammenarbeit gut gestaltet. Das Mundwasser gegen Zahnbelag ist der Verkaufshit der Abteilung, die Geschäfte gehen gut. Katherine Parker, deren Büro einen Rundblick über das Panorama samt Freiheitsstatue eröffnet, scheint eine solidarische Frau. Aber das ist nur ihre besondere Variante der Ausbeutung, wie Tess bald merkt.

Ford als Mittelpunkt eines potenten Trios in »Die Waffen der Frauen« (mit Sigourney Weaver und Melanie Griffith).

Tess bekommt ihre große Chance, als ihre Chefin sich beim Skiurlaub ein Bein bricht. Jetzt beginnt sie selbst mit den Geschäften. Und sie trifft Jack Trainer.

Trainer ist Manager bei »Hewey, Stone und Company«. Mit ihm will Tess einen Deal durchziehen. Die Idee dazu stammte von ihr, wurde ihr aber von Katherine hinterlistig aus der Hand genommen

Ihr erster Kontakt geht übers Telefon. Der zweite ist schon hautnaher. Sie trifft ihn bei einer Party, ohne zu ahnen, wer er ist. Trainer beobachtet die junge Blondine Tess ungeniert. Der Jäger erspäht eine Beute. Seine Augen gehen über vor soviel Weiblichkeit – nicht nur, weil ihr kurzer Rock die Schenkel freilegt. Mit gesenktem Kopf schreitet er auf sie zu – das Visier zum Nahkampf heruntergelassen. Er setzt sich neben Tess auf den Barhocker.

Jetzt beginnt sein routiniertes Bagger-Spielchen. Tausendundeinmal erfolgreich probiert.

»Ich habe mir versprochen, als ich Sie gerade sah, daß ich Sie kennenlernen werde«, sagt er. Managerkurs, erste Regel: die Eröffnung. »Sie sind die erste Frau, die ich auf dieser blöden Party sehe, die sich auch wirklich wie 'ne Frau anzieht, und nicht wie 'ne Frau, die denkt, was würde ein Mann anziehen, wenn er eine Frau wäre«, – Regel zwei: Positionen besetzen.

Regel drei: Identität nicht preisgeben. Und so sagt er ihr nicht, daß er der ist, der er ist.

Bei all diesen Manövern sieht Harrison Ford so entwaffnend ehrlich und sympathisch aus, als könnte er keinem Baby den Schnuller klauen. Vielleicht fühlt er sich auch so.

»Lassen Sie uns heute abend wie menschliche Wesen sein«, sagt er leutselig. Regel vier: die allzu menschlichen Register ziehen, den anderen weichklopfen.

Jetzt wird er gleich vorschlagen, einen Drink zu nehmen.

Und was für einen: Tequila. Regel fünf: Generalangriff unter Drogeneinfluß. Betäubung ist alles.

Er schluckt den doppelten Tequila und beobachtet sein erotisches Opfer dabei aus den Augenwinkeln. Lustvoll quetscht er danach die Zitronenscheibe mit den Zähnen aus. Das kommt ihn nicht sauer an. Er ist ein ganzer Kerl. Er genießt. Aus einem Tequila werden viele. »Alle Macht dem Volke«, sagt er – Regel sechs: Solidarität heucheln – und kippt das nächste Glas.

Jack Trainer wirkt wirklich so erfrischend wie die Zitrone, die er auslutscht. Im Kreis von Bankern, Jobbern, Börsenhaien macht er eine gute Figur als Mensch.

Weil Tess vor dem Alkohol Tabletten zur Beruhigung schluckte, muß Trainer die Frau bald abschleppen wie ein erlegtes Tier. Er wirft sich das weibliche Wildbret über die Schulter und marschiert zu seinem Apartment. Siegessicher. Wie ein Faun, der sich tagsüber mit Börsenberichten tarnt, um abends willenlose Opfer abzuschleppen. Aber ganz so schlimm ist er nicht.

Als sie in seinem Appartement Nr. 6 angekommen sind, in gediegenen, geschmackvoll-eleganten Räumen, zieht er sie zwar aus, legt sie dann aber nur mitleidig ab und schläft ein. »Mann, Sie sind wirklich hübsch«, sagt er vorher noch zu der halb Ohnmächtigen, die nichts mehr spürt vom Charme des Trainer-Managements.

Zehn Minuten nach sieben klingelt sein Wecker, und Tess schleicht davon – um ihm drei Stunden später in seinem Büro gegenüberzustehen. Trainer genießt den Schreck, als sie begreift, wer er ist. Er spielt gern. Sein Büro ist eher schlicht. Er protzt nicht. Hier wird gearbeitet. Trainer ist selbst als windiger Manager noch zuverlässig.

Tess kommt durch. Ihre Idee, einem Konzern den Kauf eines Radionetzes aufzuschwatzen, findet bei Trainer offene

Harrison Ford als Jack Trainer in »Die Waffen der Frauen« wirkt so erfrischend wie der Cocktail, den er trinkt. Inmitten von Bankern, Jobbern, Börsenhaien macht er eine gute Figur als Mensch.

Ohren. Eine Geschäftsbeziehung besonderer Art kündigt sich zwischen den beiden an: Business und Gefühl. Macht Trainer nicht einen Fehler? Er sollte »sich nicht von seinem Willy leiten lassen«, wie der Konzernchef später frivol sagt. Tut er das? Tess weiß es nicht. Sie weiß aber, daß sie nichts weiter will als das Geschäft mit Trainer. Sie läßt ihn als Liebhaber abblitzen, das macht ihn fassungslos.

Trainer ist ein erfolgsgewohnter, von Frauen verwöhnter Typ, nicht besonders charismatisch, aber fähig zum ganz großen Deal. Allerdings schätzt er auch die lustvollen Seiten des Lebens. Das As in seiner Branche ist auch als Mann selbstsicher.

Harrison Ford spielt diese Rolle sehr ironisch. Rollenironisch, sozusagen. Einen anderen Zugang zur Gestalt eines Managers hat er nicht. Eigentlich müßte das ganze Wesen des Schauspielers Ford revoltieren, den Jack Trainer zu verkörpern. Ironie – und ein Funken von Abenteuergeist – ist seine Abwehrwaffe, mit der er den Manager in Schach hält. Aber ebenso wie Ford als Darsteller ist Trainer als Manager ein Vollprofi. Das verbindet beide immerhin am Rande.

Als wäre Indiana Jones in Manhattan zu Besuch, entblößt er mitten in der Arbeitszeit, in seinem Büro, nach 36 Stunden Einsatz den Oberkörper, wäscht sich flüchtig die Achseln mit Wasser und schlüpft in ein neues, weißes Oberhemd. Standing Ovations seiner Belegschaft. Er hetzt zum nächsten Abenteuer. Der Busch namens Börse ruft. Wie ein Actionheld macht er sich für den nächsten Termin fertig.

Der Prachtkerl badet gern in der Menge, flaniert durch die Straßen – mit einem Sandwich bewaffnet. Das Straßenleben parfümiert ihn, er ist kein trockener Typ.

Aber er hat Existenzangst. Er will nicht eine von den Business-Leichen werden, deren Namen am Telefon von einem Klebeband überklebt werden, weil sie gefeuert wur-

Ford spielt die Rolle des Jack Trainer sehr ironisch. Rollenironisch, sozusagen. Einen anderen Zugang zu einem Manager hat er nicht.

den. Angst ist sein Antrieb, darin ist er allen anderen Managern gleich, die sich allein an Erfolgsbilanzen orientieren.

Zum Glück will Tess ihn nicht hereinlegen. Tess, die warmherzige Frau aus der Hefe. Sie setzt auf ihn. Und wahrt noch einmal die Manager-Fassade dieses eigentlich kleinen, sympathischen Mannes, dessen Widersprüche einzig von seinem eleganten Flanellanzug zusammengehalten werden. Harrison Ford spielt diese Szene der Wahrheit mit großer Überzeugungskraft. Er ist hier so präsent wie in keiner anderen Sequenz des Films. Das ist seine Rache an dieser Figur des glatten Geschäftsmannes, dem er mit Engagement ein Bein stellt.

Auf einer verrückten Party des Trask-Konzernchefs kommt sich Trainer vor »wie einer von diesen durchgedrehten

Bullen, einer von der Sorte, mit dem keiner zusammen fahren will; deren Partner entweder draufgehn oder im Irrenhaus landen«. – »Tun Sie einfach so, als ob Sie hierher gehörten«, rät ihm Tess – die hier noch weniger hingehört. Aber es spricht für Trainer, daß er nicht alle Sackgassen des Big Business beschreiten will.

Aus schierem Oppositionsgeist pinkelt Trainer auf dem Damenklo. Tess hört ihn plätschern, während sie auf ihn wartet. Jack ist unkonventionell. Aber er bleibt ein Manager. Auch wenn er wieder zurück will »zu seiner eigentlichen Programmplanung«: die Tess heißt.

Er küßt sie wie ein Verdurstender und wird jetzt ebenso zurückgeküßt. »Danach« tanzt er wie ein Indianer durch sein Appartement, bekleidet mit einem Handtuch-Lendenschurz. Diesem Mann hat das Big Business die Liebesfähigkeit noch nicht geraubt.

Er ist ein sehr selbständiger Mann, der mit beiden Beinen auf der Erde steht. Als seine Freundin zurückkommt – es ist natürlich Katherine Parker, die Chefin von Tess –, bleibt er cool. Er bricht sein Versprechen gegenüber Tess nicht. Und als Katherine versucht, Tess aus dem Geschäft zu drängen, steht Jack zu Tess. Er ist für jede Frau attraktiv. Geschäftstüchtig, erfolgreich, gutaussehend, clever und zärtlich. Ein Kerl, mit dem man in Computern hacken möchte.

Hinter alldem aber steht dieser liebenswerte Humor, mit dem Harrison Ford Trainer spielt. Ohne diese kleinen Gesten, die unter der Manageroberfläche den Menschen zum Vorschein bringen, wäre die Figur dem Vergessen preisgegeben. Er ist eigentlich nur ein Mann zwischen zwei Frauen. Fords Ironie macht Trainer wichtiger, als er ist.

Und am Ende darf er sogar der Trainer fürs Leben sein – als Liebespartner von Tess, die es zu einem eigenen Büro bringt.

GEMINI
STUTTGART

9783404611775	9,80
9783576236794	12,80
9786490000003	1,50
* SUMME *	24,10
BAR	30,00
RUECKGELD	5,90

GEMINI
WAS IHR WOLLT. UND MEHR.

0293 27002004 25.04.90 14:03

ANHANG

Filmographie

FERNSEHFILME

FBI (Gastauftritt in TV-Serie)
Dan August (Gastauftritt in TV-Serie)
Rauchende Colts (Gastauftritt in TV-Serie)
Ironside (Gastauftritt in TV-Serie)
Love, American Style (Gastauftritt in TV-Serie)
My Friend Tony Kung Fu (Gastauftritt in TV-Serie)
Journey to Shiloh, 1968 (TV-Spielfilm)
The Court Martial of Lt. Calley, 1974 (TV-Spielfilm)
James A. Micheners Dynasty, 1976 (TV-Spielfilm)
The Possessed, 1977 (TV-Spielfilm)

KINOFILME bis 1977

In diesen Filmen spielte Ford winzige Nebenrollen:

Dead Heat On a Merry-Go-Round, 1966
(Immer wenn er Dollars roch)
Regie: Bernard Girard

A Time For Killing, 1966
(Der gnadenlose Ritt)
Regie: Phil Karlson

Luv, 1967
(Versuchs doch mal mit meiner Frau)
Regie: Clive Donner

Zabriskie Point, 1969
(Zabriskie Point)
Regie: Michelangelo Antonioni

Getting Straight, 1970
(Getting Straight)
Regie: Richard Rush

American Graffiti, 1973
(American Graffiti)
Regie: George Lucas

The Conversation, 1974
(Der Dialog)
Regie: Francis Ford Coppola

More American Graffiti, 1977
(Noch mehr American Graffiti)
Regie: B. W. L. Norton

Krieg der Sterne

(Star Wars) USA 1976/77

Regie: George Lucas
Produzent: Gary Kurtz
Drehbuch: George Lucas
Kamera: Gilbert Taylor
Musik: John Williams
Trickaufnahmen: John Dykstra
Spezialeffekte: John Stears
Schnitt: Paul Hirsch, Marcia Lucas, Richard Chew
Bauten: Norman Reynolds, Leslie Diley,
Ausstattung: Roger Christian
Modelle und optische Effekte: Richard Edlund
Planeten und Satelliten: Ralph McQuarrie
Raumfahrzeuge: Colin Cantwell
Produktionsgesellschaft: Twentieth Century Fox
Länge: 121 Minuten
Deutsche Erstaufführung: 9. 2. 1978

Darsteller
Harrison Ford: Han Solo
Mark Hamill: Luke Skywalker
Carrie Fisher: Prinzessin Leia
Peter Cushing: Grand Moff Tarkin
Alec Guinness: Ben Kenobi

Rebellen haben Geheimpläne erbeutet, mit denen der Todesstern des Imperiums, eine gigantische Raumstation, gefährdet werden kann. Den Rebellen schließen sich ein Raumschmuggler, der Sohn eines vor Zeiten getöteten Jedi-Ritters sowie Ben Kenobi an, ein weiser Mann, der mit der MACHT in Verbindung steht. Sie befreien die Prinzessin

Leia, und nachdem Kenobi seinen alten Widersacher Darth
Vader ausgeschaltet hat, zerstören die Rebellen den Todesstern. Das Imperium des Bösen scheint vernichtet.

Helden von heute
(Heroes) USA 1977

Regie: Jeremy Paul Kagan
Produzent: David Foster, Lawrence Turman
Drehbuch: James Carabatsos
Kamera: Frank Stanley
Musik: Jack Nitzsche
Schnitt: Patrick Kennedy
Produktionsgesellschaft: Universal
Länge: 108 Minuten
Deutsche Erstaufführung: 3. 11. 1978

Darsteller:
Henry Winkler: Jack Dunne
Sally Field: Carol Bell
Harrison Ford: Ken Boyd
Val Avery: Bus Driver

Jack Dunne gilt als verrückt. Er ist Vietnam-Veteran und
kann den Krieg nicht vergessen. Um in New York nicht
völlig durchzudrehen, besucht er seinen Soldatenfreund Ken
auf dessen heruntergekommener Farm. Ihn begleitet Carol,
die vor ihrem Bräutigam davonläuft. Mit Kens Turbolader,
den dieser für seine Rennen nicht mehr braucht, fahren Jack
und Carol nach Eureka, um Geld aufzutreiben. Dort kommt
es zu einem traumatischen Anfall Jacks, den Carol jedoch
mit ihrer Zuneigung beenden kann.

Der wilde Haufen von Navarone
(Force 10 from Navarone) GB 1978

Regie: Guy Hamilton
Buch: Robin Chapman, Story: Carl Foreman
Kamera: Christopher Challis
Produzent: Oliver A. Unger
Visuelle Effekte: Geoffrey Drake
Schnitt: Raymond Poulton
Musik: Ron Goodwin
Produktionsgesellschaft: Columbia Pictures
Länge: 118 Minuten
Deutsche Erstaufführung: 1. 2. 1979

Darsteller:
Robert Shaw: Major Mallory
Harrison Ford: Colonel Barnsby
Barbara Bach: Maritza
Edward Fox: Miller
Franco Nero: Lescovar
Carl Weathers: Weaver
Richard Kiel: Drazak
Alan Badel: Petrovitch
Michael Byrne: Schroeder

Ein Stoßtrupp der englischen Alliierten bricht bei Nacht und Nebel auf nach Jugoslawien. Das Kommandounternehmen hat verschiedene geheime Aufträge durchzuführen; es wird geleitet von Colonel Barnsby, der auch Offiziere mitnehmen muß, von deren geheimer Kommandosache er nichts weiß. Im Kampf gegen die Faschisten erleiden sie schwere Verluste, können am Ende jedoch ihre Mission und alle Sonderaufträge erledigen.

Das tödliche Dreieck
(Hanover Street) GB 1979

Regie: Peter Hyams
Drehbuch: Peter Hyams
Kamera: David Watkin
Musik: John Barry
Schnitt: James Mitchell
Produzent: Paul N. Lazarus III.
Produktionsgesellschaft: Columbia Pictures
Länge: 105 Minuten
Deutsche Erstaufführung: Video 1985

Darsteller:
Harrison Ford: David Halloran
Lesley-Ann Down: Margaret
Christopher Plummer: Paul Sellinger

Der nordamerikanische Bomberpilot Halloran lernt 1943 in London die Krankenschwester Margaret kennen und lieben. Bei einem Spezialeinsatz über Frankreich wird er zusammen mit Margarets Ehemann Paul abgeschossen. Sie können ihren Auftrag, ein Geheimpapier aus dem Gestapo-Hauptquartier in Lyon herauszuholen, erfüllen, Paul wird schwer verwundet. Sein Nebenbuhler rettet ihn jedoch und verzichtet am Ende auf Margaret.

Apocalypse Now
(Apocalypse Now) 1979

Regie: Francis Ford Coppola

Ford trat in einer winzigen Nebenrolle als US-Offizier auf.

Ein Rabbi im wilden Westen 1979

(The Frisco-Kid) 1979

Regie: Robert Aldrich

In diesem Film spielte Ford zwar eine große Rolle, die für seine Karriere und Imagebildung jedoch keine Bedeutung hatte.

Das Imperium schlägt zurück

(The Empire Strikes Back) USA 1979/80

Regie: Irvin Kershner
Produzent: Gary Kurtz
Drehbuch: Leigh Brackett, Lawrence Kasdan
Story: George Lucas
Design: Norman Reynolds
Kamera: Peter Suschitzky
Schnitt: Paul Hirsch
Spezialeffekte: Brian Johnson, Richard Edlund
Musik: John Williams
Kreaturen: Stuart Freeborn
Kostüme: John Mollo
Mechanische Effekte: Nick Allder
Stop Motion Animation: Jon Berg, Phil Tippett
Modelle: Lorne Peterson
Produktionsgesellschaft: Twentieth Century Fox
Länge: 124 Minuten
Deutsche Erstaufführung: 11. 12. 1980

Darsteller:
Harrison Ford: Han Solo
Mark Hamill: Luke Skywalker
Carrie Fisher: Prinzessin Leia
Billy Dee Williams: Lando
Anthony Daniels: C-3 PO
David Prowse: Darth Vader
Peter Mayhew: Chewbacca
Kenny Baker: R2D2
Alec Guinness: Ben Kenobi

Das Imperium unter Darth Vaders Leitung hat sich von seinen Rückschlägen erholt und treibt die Rebellen in die hintersten Winkel des Alls zurück, bis sie in der Eiswüste von Hoth, unter ihrem jetzigen Anführer Luke Skywalker, Unterschlupf finden. Doch auch von hier müssen sie wieder fliehen. Nach schweren Kämpfen landet Luke allein auf dem Degobah-System, wo der weise Yoda ihn in die Geheimnisse der MACHT einweist. Währenddessen finden Han Solo und seine Begleiter Prinzessin Leia, Chewbacca und die Droiden C-3 PO bzw. R2D2 auf einem Planeten Zuflucht, der von Solos ehemaligem Kumpel Lando beherrscht wird. Doch unter Druck des Imperiums verrät dieser seinen Freund an Vader. Luke wird in eine Falle gelockt, erfährt, daß Vader sein eigentlicher Vater ist und kann erst im letzten Moment gerettet werden. Während Han Solo von seinen Feinden eingefroren und dem Kopfgeldjäger Boba Fett übergeben wird, ziehen sich die anderen zurück. Lando, nunmehr Kommandant des Millenium-Falken, macht sich auf die Suche nach Han Solo.

Jäger des verlorenen Schatzes
(Raiders of the Lost Ark) USA 1980

Regie: Steven Spielberg
Drehbuch: Lawrence Kasdan
Story: George Lucas, Philip Kaufman
Kamera: Douglas Slocombe
Schnitt: Michael Kahn
Musik: John Williams
Ausstattung: Norman Reynolds
Produzent: Frank Marshall
Produktionsgesellschaft: Paramount/Lucasfilm
Länge: 115 Minuten
Deutsche Erstaufführung: 29. 10. 1981

Darsteller:
Harrison Ford: Indiana Jones
Karen Allen: Marion
Paul Freeman: Belloq
John Rhys-Davies: Sallah
Wolf Kahler: Dietrich
William Hootkins: Major Eaton
Ronald Lacey: Toht

Im Jahr 1936 sucht der Archäologe Jones nach Altertümern in Südamerika, hat jedoch immer wieder gegenüber seinem Konkurrenten Belloq, der mit den Nazis paktiert, das Nachsehen. Wilde Verfolgungen führen bis in die Nähe Kairos, wo die altjüdische Bundeslade mit den Gesetzestafeln Gottes liegen soll. Sie wird gefunden, ausgegraben und fällt den Nazis in die Hände, die damit ihre Weltherrschaft ausbauen wollen. Doch ein Gottesgericht vernichtet alle bis auf Indiana Jones und seine Begleiterin Marion.

Der Blade Runner
(Blade Runner) USA 1982

Regie: Ridley Scott
Drehbuch: Hampton Fancher, David People
Kamera: Jordan Cronenweth
Schnitt: Terry Rawlings
Musik: Vangelis
Visuelle Effekte: Douglas Trumbull
Produzent: Michael Deeley
Produktionsgesellschaft: Warner Brothers
Länge: 117 Minuten
Deutsche Erstaufführung: 14. 10. 1982

Darsteller:
Harrison Ford: Phil Deckard
Rutger Hauer: Roy Batty
Sean Young: Rachel
Edward James Olmos: Gaff
M. Emmet Walsh: Bryant
Daryl Hannah: Pris
William Sanderson: Sebastian
Brion James: Leon
Joe Turkel: Tyrell
Joanna Cassidy: Zhora

Im Jahr 2019 meutern Replikanten der Serie »Nexus 6« und fliegen zur Erde. Die mit einer Lebenserwartung von maximal 4 Jahren ausgestatteten künstlichen Robot-Menschen wollen ein längeres Leben. Replikanten-Killer Deckard soll sie »aus dem Verkehr« ziehen. Er lernt dabei Rachel, die Sekretärin des Bosses der »Tyrell Corp.« kennen, eine Replikantin mit allerdings unbegrenzter Lebenserwartung. Dekkard tötet drei Replikanten und muß erleben, daß ihr Anführer Roy mehr Menschlichkeit besitzt als er selbst: Roy verschont ihn. Deckard flieht mit Rachel aus der Stadt in die Freiheit des Nordens.

E. T. – Der Außerirdische
(E. T. – The Extraterrestrial) 1982

Regie: Steven Spielberg

Ford hatte hier einen Gastauftritt, der später allerdings herausgeschnitten wurde.

Die Rückkehr der Jedi-Ritter
(Return of the Jedi) USA 1982/83

Regie: Richard Marquand
Drehbuch: Lawrence Kasdan, George Lucas
Story: George Lucas
Produzent: Howard Kazanjian
Design: Norman Reynolds
Kamera: Alan Hume
Schnitt: Sean Barton, Marcia Lucas, Duwayne Dunham
Visuelle Effekte: Richard Edlund, Dennis Muren, Ken
                Ralston
Kostüme: Aggie Guerard Rodgers, Nilo Rodis-Jamero
Make-Up und Kreaturen: Phil Tippett, Stuart Freeborn
Sound: Ben Burtt
Musik: John Williams
Produktionsgesellschaft: Twentieth Century Fox
Länge: 132 Minuten
Deutsche Erstaufführung: 9. 12. 1983

Darsteller:
Harrison Ford: Han Solo
Mark Hamill: Luke Skywalker
Carrie Fisher: Prinzessin Leia
Billy Dee Williams: Lando
Anthony Daniels: C-3 PO
Peter Mayhew: Chewbacca
Sebastian Shaw: Anakin Skywalker
Ian McDiarmid: Imperator
David Prowse: Darth Vader
Alec Guinness: Ben Kenobi

Luke Skywalker kehrt auf seinen Heimatplaneten Tattuin zurück, um seinen in Karbonit eingefrorenen Freund Han Solo zu retten, an seiner Seite die Gefährten aus den beiden vorangegangenen Episoden der »Star Wars«-Saga. Sie befreien Solo und machen sich sofort auf den Weg nach Endor, wo das Imperium einen neuen Todesstern installiert. Das Kommando über Han Solos Millenium-Falken übernimmt Lando, der bei Solos Befreiung aus der Gewalt von Jabba mitwirkte. Alle sind jetzt in die Flotte der Rebellen gegen das Imperium integriert. Auf Endor kommt es zum Kampf gegen die Vorhut des Imperiums: das Energiefeld der Raumstation muß ausgeschaltet werden, damit die Rebellentruppen landen können. Inzwischen bekommt Luke Skywalker bestätigt, daß Lord Vader tatsächlich sein Vater ist. Er bringt ihn dazu, den Imperator zu töten. Dabei stirbt Vader selbst, stößt dadurch aber zum Kreis der Jedis und wird warmherzig von Ben Kenobi und Yoda aufgenommen. Die Flotte der Rebellen vernichtet zum zweitenmal den Todesstern; Luke erfährt, daß Prinzessin Leia seine Schwester ist, und alles endet mit einem rauschenden Waldfest, das die Ewoks für ihre Freunde ausrichten.

Indiana Jones und der Tempel des Todes
(Indiana Jones and the Temple of Doom) USA 1983

Regie: Steven Spielberg
Drehbuch: Willard Huyck, Gloria Katz
Story: George Lucas
Kamera: Douglas Slocombe
Schnitt: Michael Kahn
Musik: John Williams
Design: Elliot Scott
Kostüme: Anthony Powell
Spezialeffekte: George Gibbs
Produzent: Robert Watts
Produktionsgesellschaft: Paramount/Lucasfilm
Länge: 118 Minuten
Deutsche Erstaufführung: 3. 8. 1984

Darsteller:
Harrison Ford: Indiana Jones
Kate Capshaw: Willie Scott
Ke Huy Quan: Short Round
Amrish Puri: Mola Ram
Roshan Seth: Chattar Lal
Philip Stone: Captain Blumburtt
Roy Chiao: Lao Che

Dr. Jones befreit ein Dorf im indischen Dschungel von der
Herrschaft einer mystischen Sekte, die in einem unterirdischen Bergwerk Kinder schuften läßt und Menschenopfer
bringt. In Jones' Begleitung sind die schrille TV-Sängerin
Willie und der Frechdachs Shorty, der in dem Archäologen
seinen Ziehvater sieht. Nach haarsträubenden Abenteuern
rettet »Indy« den heiligen Stein der Dorfbewohner.

Der einzige Zeuge
(Witness) USA 1985

Regie: Peter Weir
Produzent: Edward S. Feldman
Drehbuch: Earl Wallace, William Kelley
Musik: Maurice Jarre
Kamera: John Seale
Schnitt: Tom Noble
Bauten: Stan Jolley
Produktionsgesellschaft: Paramount
Länge: 112 Minuten
Deutsche Erstaufführung: 24. 5. 1985

Darsteller:
Harrison Ford: John Book
Kelly McGillis: Rachel Lapp
Josef Sommer: Schaeffer
Lucas Haas: Samuel Lapp
Jan Rubes: Eli Lapp
Alexander Godunov: Daniel Hochleitner
Danny Glover: McFee

Auf dem Bahnhof von Philadelphia wird der Junge Samuel, der wie seine Mutter zur Sekte der Amish gehört, heimlicher Zeuge eines Mordes. Wie er dem leitenden Beamten John Book später verrät, ist der Mörder ein schwarzer Polizist. Nachdem Book dies seinem Vorgesetzten mitgeteilt hat, wird auf ihn ein Mordanschlag verübt. Book flieht in die Amish-Gemeinde. Dort verliebt er sich in Rachel,Samuels Mutter. Doch die korrupte Polizei gibt keine Ruhe. Um ein Rauschgiftkomplott zu decken, soll Book getötet werden. Das gelingt nicht. Book kehrt zur Polizei und in die Stadt zurück.

Mosquito Coast
(The Mosquito Coast) USA 1986

Regie: Peter Weir
Drehbuch: Paul Schrader, nach dem Roman von Paul Theroux
Kamera: John Seale
Musik: Maurice Jarre
Schnitt: Tom Noble
Bauten: John Stoddart
Ausstattung: John Wingrove
Produzent: Jerome Hellman
Produktionsgesellschaft: Jerome-Hellman-Produktion
Länge: 119 Minuten
Deutsche Erstaufführung: 19. 2. 1986

Darsteller:
Harrison Ford: Allie Fox
Helen Mirren: Mutter
River Phoenix: Charly
Jadrien Steele: Jerry
André Gregory: Reverend Spellgood

Harvard-Absolvent und Familienvater Allie Fox hat die Zivilisation satt. Er läßt alles stehen und liegen und fährt zur Mosquito Coast, einem Küstenstreifen irgendwo in Zentralamerika. In dem von Fox gekauften Dschungeldorf »Geronimo« errichtet der Erfinder eine Eisfabrik, die jedoch eines Tages, nachdem Söldner eingedrungen sind, explodiert. Wieder zieht die Fox-Familie stromaufwärts. Doch der Zivilisationshaß des Erfinders wird zur Hysterie. Fox setzt eine Kirche in Brand und wird erschossen. Die Familie treibt mit dem Sterbenden auf einem Floß dem offenen Meer zu.

Frantic
(Frantic) USA 1988

Regie: Roman Polanski
Drehbuch: Gérard Brach, Roman Polanski
Kamera: Witold Sobocinski
Schnitt: Sam O'Steen
Musik: Ennio Morricone
Bauten: Pierre Guffroy
Produzent: Thom Mount
Produktionsgesellschaft: Mount Co./Warner
Länge: 120 Minuten
Deutsche Erstaufführung: 25. 8. 1988

Darsteller:
Harrison Ford: Richard Walker
Emmanuelle Seigner: Michelle
Betty Buckley: Sondra Walker
John Mahoney: Williams
Jimmie Ray Weeks: Shaap
Alexandra Stewart: Edie

Dr. Walker und seine Frau reisen zu einem Ärztekongreß nach Paris, wo Sondra Walker sehr bald entführt wird. Walker, dem keiner glaubt, nimmt die Spur auf und stößt auf Michelle, die offenbar seinen Koffer mit ihrem vertauschte, in dem sich ein elektronisches Bauteil für Atomraketen befand – das erfährt Walker jedoch erst später, als die Entführer auftauchen, arabische Machtpolitker. Zwischen diesen, dem israelischen und dem amerikanischen Geheimdienst eingekeilt, versucht Walker, seine Frau auszulösen. Nach dramatischen Verwicklungen kommt es zu einem letzten Übergabeversuch. Michelle stirbt im Kugelhagel.

Die Waffen der Frauen
(Working Girl) USA 1988

Regie: Mike Nichols
Drehbuch: Kevin Wade
Kamera: Michael Ballhaus
Schnitt: Sam O'Steen
Musik: Carly Simon
Produzent: Douglas Wick
Produktionsgesellschaft: Twentieth Century Fox
Länge: 113 Minuten
Deutsche Erstaufführung: 9. 3. 1989

Darsteller:
Harrison Ford: Jack Trainer
Sigourney Weaver: Katherine Parker
Melanie Griffith: Tess McGill
Alec Baldwin: Mike Dugan
Joan Cusack: Cyn

Die junge und ehrgeizige Tess McGill träumt unbeirrt vom Aufstieg in der New Yorker Geschäftswelt. Sie hätte auch schon die erfolgsträchtigen Ideen dazu, ihr fehlt allein die Position, um sie in die Tat umzusetzen. So muß sie sich vorerst als Sekretärin durchschlagen. Erst als ihre neue, ebenso erfolgreiche wie scheinheilige Chefin Katherine Parker vorübergehend durch einen Ski-Unfall aus dem Verkehr gezogen wird, bietet sich Tess eine Chance zum Karriere-Quereinstieg. Sie schlüpft in Katherines Rolle und zieht ihre Idee vom großen Deal mit Jack Trainer durch, dem Kollegen und Geliebten von Katherine. Als das Geschäft kurz vor dem Abschluß steht, taucht überraschend Katherine wieder auf. Sie gibt die Idee als ihr geistiges Eigentum aus, Tess steht blamiert als Hochstaplerin da. Allein Jack hält zu ihr und verhilft mit einem Trick der Wahrheit ans Licht. So bekommt Tess schließlich ihren eigenen Chefsessel und mit Jack Trainer einen Mann fürs Leben.

Quellenangaben

Bouzerau, Laurent: The DePalma Cut, Dembner Bks, NY 1988

Cameron-Wilson, James: Film Review 1/87; Harrison Ford

Campbell, V., Movieline 12/85, The Way to the . . .

cinema papers 5/85, Keeping Up With Indiana Jones

Clinch, Minty: Harrison Ford: A Biography; New English Library 1986

Diehl, Digby: American Film 12/86; The Iceman Cometh

Goldau/Prinzler, Hrsg.: Spielberg; Edition Filme 1985

Korte/Faulstich, Hrsg.: Action und Erzählkunst – Die Filme von Steven Spielberg, Fischer cinema 1987

McKenzie, Alan: The Harrison Ford Story; Zomba Books London, 1984

Mercer, A., et cetera 8/85, Witness-A Hero

Murphy, S., Film Review 9/88, Look Ma! No Han!

New Hollywood: Reihe Hanser 218, 1976

Oney, S., Premiere 3/88, A Very Ordinary Man

Pollock, Dale; Skywalking; Harmony Books NY 1982

Vare, Ethlie Ann & Toledo, Mary: Harrison Ford; St. Martins Press, 1987

Weiss, Uli: Das neue Hollywood; Heyne 1986

Die Biographie eines faszinierenden Musikers!

Als Band mit der Bestellnummer 61 037 erschien:

Seit seinem gewaltsamen Tod im Jahre 1980 hat John Lennon nichts von seiner Faszination als Künstler verloren. Seine Songs begeistern noch immer jung und alt und werden von zahlreichen großen Musikern interpretiert.

Das tragische Leben der großen Schauspielerin

Als Band mit der Bestellnummer 61 122 erschien:

Am 29. Mai 1982 starb in Paris Romy Schneider.
Damit fand eine Karriere, die in den 50er Jahren
mit den Sissi-Filmen wie ein Märchen begonnen
hatte, ein tragisches Ende.

BASTEI
LÜBBE